Norbert Berger

Lebendige Tafelbilder
Deutsch

Rechtschreibung, Grammatik, Wortschatz und Aufsatz

Plus CD
Mit allen Tafelbildern als PowerPoint

Die Vorlagen auf der CD-Rom sind optimiert für Microsoft PowerPoint 2000/2003

Gedruckt auf umweltbewusst gefertigtem, chlorfrei gebleichtem
und alterungsbeständigem Papier.

2. Auflage 2011
Nach den seit 2006 amtlich gültigen Regelungen der Rechtschreibung
© Auer Verlag
AAP Lehrerfachverlage GmbH, Donauwörth
Alle Rechte vorbehalten
Das Werk und seine Teile sind urheberrechtlich geschützt. Jede Nutzung in anderen als den gesetzlich zugelassenen Fällen bedarf der vorherigen schriftlichen Einwilligung des Verlages. Hinweis zu § 52 a UrhG: Weder das Werk noch seine Teile dürfen ohne eine solche Einwilligung eingescannt und in ein Netzwerk eingestellt werden. Dies gilt auch für Intranets von Schulen und sonstigen Bildungseinrichtungen.
Illustrationen: Violetta Żużalek/Corina Beurenmeister
Umschlagfoto: Mauritius Images
Satz: Fotosatz H. Buck, Kumhausen
Druck und Bindung: Aubele Druck GmbH, Bobingen
ISBN 978-3-403-**06220**-2

www.auer-verlag.de

Inhalt

Einleitung 5

1. Problemfelder der Rechtschreibung 6
- 1.1 Die Vokaldehnung 6
- 1.2 Wieder – wider 8
- 1.3 Das oder dass? 8
- 1.4 Schreibt man tz oder z? 10
- 1.5 Die Schreibung von Zeitbestimmungen 12
- 1.6 Die Schreibung des s-Lautes 14
- 1.7 Getrennt- und Zusammenschreibung 16
- 1.8 Die Schreibung der Wörter aus der Wortfamilie „Tod" 18

2. Grammatik im Überblick 20
- 2.1 Genera und Artikel 20
- 2.2 Starke und schwache Verben 20
- 2.3 Verben 22
- 2.4 Attributive und prädikative Verwendung von Adjektiven 24
- 2.5 Aufgaben von Adverbien 24
- 2.6 Tempora und Zeitstufen 26
- 2.7 Die Verwendung des Plusquamperfekts 28
- 2.8 Die indirekte Rede 30
- 2.9 Der Komparativ 32
- 2.10 Das Passiv 34
- 2.11 Vorgangs- und Zustandspassiv 36
- 2.12 Satzarten 38
- 2.13 Die Umstellprobe zur Ermittlung der Satzglieder 38
- 2.14 Die Frageprobe zur Ermittlung der Satzglieder 40
- 2.15 Das Prädikat (Verbglied) und seine grammatikalischen Funktionen .. 42
- 2.16 Die Prädikatsklammer 42
- 2.17 Verschiedene Arten von Subjekten und Objekten 44
- 2.18 Verschiedene Arten von Attributen 46
- 2.19 Die Funktion von Nebensätzen 48
- 2.20 Die wichtigsten Glied- oder Adverbialsatzarten 50

3. Wortschatz – facettenreich 52
- 3.1 Bestandteile eines Wortes 52
- 3.2 Die Wortfamilie „les-" 54
- 3.3 Adjektive des Wortfelds „Gefühl" 56
- 3.4 Beschreibung von Gefühlen (Teil 1) 58

3.5	Beschreibung von Gefühlen (Teil 2)	60
3.6	Das Wortfeld „sprechen"	62
3.7	Das Wortfeld „gehen"	64
3.8	Das Wortfeld „Angst"	66
3.9	Das Wortfeld „groß"	68
3.10	Synonym, Homonym, Polysem und Antonym	70
3.11	Bildhafte Ausdrucksweise am Beispiel der Fußball-Fachsprache	72

4. Aufsatzlehre – leicht gemacht 74

4.1	Wie der Höhepunkt eines Erlebnisaufsatzes nicht aussehen sollte	74
4.2	Wie der Höhepunkt eines Erlebnisaufsatzes aussehen sollte	76
4.3	Der Bericht	78
4.4	Der äußere Aufbau des sachlichen Briefs	80
4.5	Die Inhaltsangabe zu einem poetischen Text	82
4.6	Die literarische Charakteristik	84
4.7	Das Protokoll	86
4.8	Die steigernde (lineare) und die dialektische Form der Erörterung	86
4.9	Vorarbeiten zu einer Erörterung (steigernde/lineare Form)	88
4.10	Der Aufbau des Hauptteils einer Erörterung in dialektischer Form	90
4.11	Textanalyse einer Kurzgeschichte	92
4.12	Textanalyse einer Glosse	94
4.13	Interpretationsansätze	96

Einleitung

Ein gut strukturiertes Tafelbild lässt den Betrachter mit einem Blick die Ergebnisse einer Unterrichtsstunde erfassen. Bei entsprechender Gestaltung dient es auch als wirksame Gedächtnisstütze.

Im Grammatik-, Rechtschreib- oder Aufsatzunterricht, wo es darum geht, komplexe Sachverhalte verständlich zu machen bzw. komplizierte Über- und Unterordnungsverhältnisse, Entsprechungen und Oppositionen klar herauszuarbeiten, bietet sich das gemeinsame Entwickeln von Tafelbildern besonders an.

Bei der Erarbeitung von Tafelbildern sind Lehrer und Schüler[1] in den Vermittlungsprozess aktiv einbezogen, sie werden nicht durch ein apersonales Medium ersetzt bzw. in die Rolle passiver Rezipienten gedrängt. Dadurch durchdringen Schüler den Lehrstoff besser und schneller und behalten ihn länger im Gedächtnis. Hinzu kommt, dass Sie die Lerninhalte übersichtlich strukturieren und auf die wichtigsten Schwerpunkte eingrenzen können. Ein klares, mit den Schülern erarbeitetes Tafelbild kann häufig langatmige, breite Erläuterungen ersetzen. Schwer überschaubare Sachverhalte, komplizierte Über- und Unterordnungsverhältnisse können Sie an der Tafel veranschaulichen und verdeutlichen. Wichtig ist hierbei, dass nicht isolierte Merksätze an der Tafel stehen, wie es oft in Grammatiken und in Lehrbüchern zur Rechtschreibung oder Aufsatzerziehung der Fall ist, sondern dass durch klare Anordnung und Verbindung mittels Symbolen ein bestimmter Zusammenhang hergestellt wird. Vorteilhaft wirkt sich auch aus, dass durch die Visualisierung des bereits Erarbeiteten der Lernprozess gefördert wird. Ein gutes Tafelbild ermöglicht den Lernenden aber auch einen Blick voraus. Noch unbeschriebene Tafelflächen oder ins leere weisende Pfeile zeigen den Schülern, was noch zu erarbeiten ist und welche Bereiche des Lerninhalts noch offen sind. Durch solcherlei Zielvorgaben steuern Sie den Lernprozess, beleben die Vorstellungskraft und das Denkvermögen der Schüler und lenken ihre Aufmerksamkeit in die gewünschte Richtung.

Dieses Buch enthält die vollständigen Tafelbilder thematisch geordnet, aufgebaut im Doppelseitenprinzip mit dazu passenden didaktisch-methodischen Hinweisen sowie Erläuterungen zur Präsentation. Diese passen auf Karteikarten und erleichtern Ihnen die schrittweise Erarbeitung des Tafelbilds mit Ihren Schülern.

Wenn Sie vermeiden wollen, durch längere Tafelanschriften den Kontakt mit der Klasse zu verlieren und es die technischen Bedingungen in Ihrer Schule erlauben, können Sie auch die PowerPoint-Version der Tafelbilder nutzen. Auf der beiliegenden CD-ROM finden Sie alle Tafelbilder zusätzlich als veränderbare PowerPoint-Präsentation – natürlich in Farbe und grafisch hervorragend aufbereitet. Mühelos können Sie so die Inhalte Ihrem individuellen Unterricht anpassen, mit einem Klick effektvoll in Szene setzen und eventuell auch Ihren Schülern ausdrucken.

Außerdem beinhaltet die CD-ROM die Tafelbilder auch als Blanko-Arbeitsblatt, in das die Schüler die passenden Begriffe eintragen. Somit ist sichergestellt, dass auch schwierigere grafische Schemata richtig dargestellt werden und die Selbsttätigkeit der Schüler gefördert wird.

---

[1] Wenn in diesem Buch von Schüler gesprochen wird, ist immer auch die Schülerin gemeint. Ebenso verhält es sich mit Lehrer und Lehrerin.

1.1 Die Vokaldehnung

langer Vokal

	Vokaldoppelung	Dehnungs-h	Dehnungs-e	kein Dehnungszeichen
a	Saat	Hahn	–	Wal
e	Meer	kehren	–	Meter
i	–	ihm	Liebe	Kabine
o	Moor	bohren	–	Tor
u	–	Schuh	–	Hut

1.1 Die Vokaldehnung

Didaktisch-methodische Hinweise

Anhand eines geeigneten Textes werden verschiedene Arten der Vokaldehnung (Doppelung des Vokals, Dehnungs-h, Dehnungs-e, Dehnung ohne Dehnungszeichen) ermittelt. Dabei wird auch ersichtlich, dass

- nur der Vokal *i* durch ein Dehnungs-e gedehnt werden kann,
- nur die Vokale *i* und *u* nicht durch Vokaldoppelung gedehnt werden können.

Erläuterungen zur Präsentation

1. Die Vokale können lang gesprochen werden.
2. Die Länge wird teilweise durch Doppelung des Vokals ausgedrückt. (+ kleiner Strich)
3. Beispiele für Wörter mit Vokaldehnung durch Vokaldoppelung. Vokaldoppelung ist nicht möglich bei i und u.
4. Die Länge wird teilweise durch ein Dehnungs-h ausgedrückt. (+ kleiner Strich)
5. Beispiele für Wörter mit Vokaldehnung durch Dehnungs-h
6. Die Länge des Vokals i wird teilweise durch ein Dehnungs-e ausgedrückt. (+ kleiner Strich)
7. Beispiel für ein Wort mit Vokaldehnung durch Dehnungs-e
8. Teilweise wird der Vokal lang gesprochen, obwohl kein Dehnungszeichen verwendet wird. (+ kleiner Strich)
9. Beispiele für Wörter mit langem Vokal ohne Dehnungszeichen

1.2 Wieder – wider

gegen = wider	wieder = noch einmal
Widerstand	Wiederkäuer
widersprechen	wieder sehen
Widerhaken	Wiederholung
Widerspruch	Wiedergabe
widerrufen	Wiederaufbau
erwidern	Wiederbeginn
widerborstig	wieder beleben
Widerhall	Wiederentdeckung
widerlich	wieder erkennen
widerlegen	wieder erlangen
widernatürlich	wieder eröffnen
widerrechtlich	wieder finden
widerschallen	wieder gutmachen
Widersacher	wieder herstellen
Widerschein	Wiederkehr
widerstreben	wiederum
widersetzen	Wiedervereinigung
widerspenstig	Wiederwahl
widerspiegeln	
widerstreben	
widerwärtig	

1.3 Das oder dass?

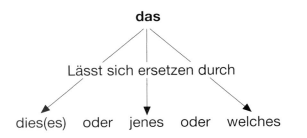

das — Lässt sich ersetzen durch dies(es) oder jenes oder welches

dass — Lässt sich nicht ersetzen

Wortart: Artikel, Demonstrativ- oder Relativpronomen   Wortart: Konjunktion

1. Problemfelder der Rechtschreibung

1.2 Wieder – wider

Didaktisch-methodische Hinweise

Anhand des (eventuell einem Schüler an der Tafel diktierten) Satzes „*Nach Wiederbeginn des Schuljahres widerstrebte es ihm, seinen widerwärtigen Widersacher wiedersehen zu müssen.*" wird zunächst erarbeitet, inwiefern die Schreibweisen der Partikel *wieder* und *wider* mit ie und i unterschiedlichen Bedeutungen entsprechen. Danach werden weitere Beispiele zu beiden Schreibweisen gesammelt, wobei am Ende auch ein Wörterbuch zurate gezogen werden darf.

Erläuterungen zur Präsentation

1. *wieder* drückt aus, dass etwas erneut/noch einmal geschieht. (+ Kasten)
2. *wider* drückt aus, dass etwas einer anderen Sache/Person, einem anderen Ereignis etc. entgegensteht. (+ Gegensatzpfeil und Kasten)
3. Beispiele für Zusammensetzungen mit *wieder*
4. Beispiele für Zusammensetzungen mit *wider*

1.3 Das oder dass?

Didaktisch-methodische Hinweise

Anhand des (eventuell einem Schüler an der Tafel diktierten) Satzes „*Das Mädchen wusste, dass das Pferd, das auf der Koppel stand, ein Hengst war.*" wird Folgendes erarbeitet:

➤ *dass* ist eine Konjunktion und *das* ein Artikel, Demonstrativ- oder Relativpronomen,
➤ *das* lässt sich ersetzen durch *dies(es)*, *jenes* oder *welches*,
➤ *dass* kann nicht durch obige Demonstrativ- oder Relativpronomen ersetzt werden.

Erläuterungen zur Präsentation

1. Kann man *dieses*, *jenes* oder *welches* einsetzen, wird *das* mit einfachem *s* geschrieben. (+ Pfeile)
2. Es handelt sich dann um einen bestimmten Artikel, ein Demonstrativ- oder ein Relativpronomen.
3. Die Konjunktion *dass* lässt sich nicht durch *dieses*, *jenes* oder *welches* ersetzen und muss mit Doppel-s geschrieben werden. (+ Pfeil)
4. Es handelt sich dann um eine Konjunktion.

1.4 Schreibt man tz oder z?

pr	o	tz	en
Schw	ä	tz	er
p	u	tz	en
kr	a	tz	en
W	i	tz	e
M	ü	tz	e

Vokal + tz

z oder tz?

Konsonant + z

Wa	n	z	e
Wu	r	z	el
Mi	l	z	
Pi	l	z	
A	r	z	t
Schwa	n	z	

1.4 Schreibt man tz oder z?

Didaktisch-methodische Hinweise

Ausgehend von dem (eventuell einem Schüler an der Tafel diktierten) Satz *„Der Arzt protzte mit den winzigen Pilzen, die er beim Spazierengehen neben spitzigen Steinen und Wurzeln gefunden und in seiner Mütze gesammelt hatte."*

➢ kann die Regel für die Schreibung von *z* und *tz*
➢ die häufigste Ausnahme zu dieser Regel (*spazieren*)

erarbeitet werden.

Erläuterungen zur Präsentation

1. An der Aussprache lässt sich nicht erkennen, ob ein Wort mit *z* oder *tz* geschrieben wird. (z oder tz? + Grafik)
2. Beispiele für Wörter mit *tz*
3. Beispiele für Wörter mit *z*
4. Nach einem Vokal schreibt man *tz*. Es gibt wenige Ausnahmen, z. B. *spazieren*. (Vokal + *tz*)
5. Nach einem Konsonanten schreibt man *z*. Nur Eigennamen können eine Ausnahme bilden, z. B. *Kaltz*. (Konsonant + z)

1. Problemfelder der Rechtschreibung

1.5 Die Schreibung von Zeitbestimmungen

Zeitbestimmungen schreibt man groß

… und zusammen, wenn sie Verbindungen mit Wochentagsnamen darstellen.

- Montagvormittag
- Sonntagmorgen
- Freitagabend
- Mittwochnachmittag

wenn sie als zweite Zeitangabe auf eine erste folgen.

- heute Morgen
- heute Abend
- gestern Nacht
- morgen Früh

Zeitbestimmungen schreibt man klein

wenn sie ohne Artikel, Pronomen und Präposition stehen.

- gestern
- heute
- morgen
- vorgestern
- übermorgen
- früh

wenn sie mit einem s enden.

- morgens
- mittags
- abends
- nachts
- sonntags
- winters

1. Problemfelder der Rechtschreibung

1.5 Die Schreibung von Zeitbestimmungen

Didaktisch-methodische Hinweise

Der Lehrer teilt den Text einer Wettervorhersage (z. B. aus einer Tageszeitung oder aus dem Internet), der einige Zeitbestimmungen enthält, oder die folgende erfundene Wettervorhersage aus:

Am Montagvormittag kann es zu einigen Regenschauern kommen, die gegen Mittag und nachmittags nachlassen. Am Abend und nachts ist mit vereinzelten Gewittern zu rechnen. Dagegen wird es morgen deutlich wärmer werden und morgen Nachmittag werden die Temperaturen sogar 29 Grad Celsius erreichen.

Die Schüler untersuchen den Text insbesondere im Hinblick auf die Groß- oder Kleinschreibung der Zeitbestimmungen. Die gefundenen Regeln, die Beispiele aus der Wettervorhersage und weitere Beispiele werden im Tafelbild eingetragen.

Erläuterungen zur Präsentation

1. Beispiel für temporale Adverbien, die kleingeschrieben werden (+ Kreisviertel)
2.–3. Zeitbestimmungen schreibt man klein, wenn sie ohne Artikel, Pronomen und Präposition stehen. (+ Rahmen)
4. Weitere Beispiele für temporale Adverbien, die kleingeschrieben werden (+ Kreisviertel)
5. Zeitbestimmungen schreibt man klein, wenn sie mit einem *s* enden. (+ Rahmen)
6. Beispiele für Zeitbestimmungen, die großgeschrieben werden (+ Kreisviertel)
7.–8. Zeitbestimmungen schreibt man groß, wenn sie als zweite Zeitangabe auf eine erste folgen. (+ Rahmen)
9. Weitere Beispiele für Zeitbestimmungen, die großgeschrieben werden (+ Kreisviertel)
10. Zeitbestimmungen schreibt man groß und zusammen, wenn sie Verbindungen mit Wochentagsnamen darstellen. (+ Rahmen)

1.6 Die Schreibung des s-Lautes

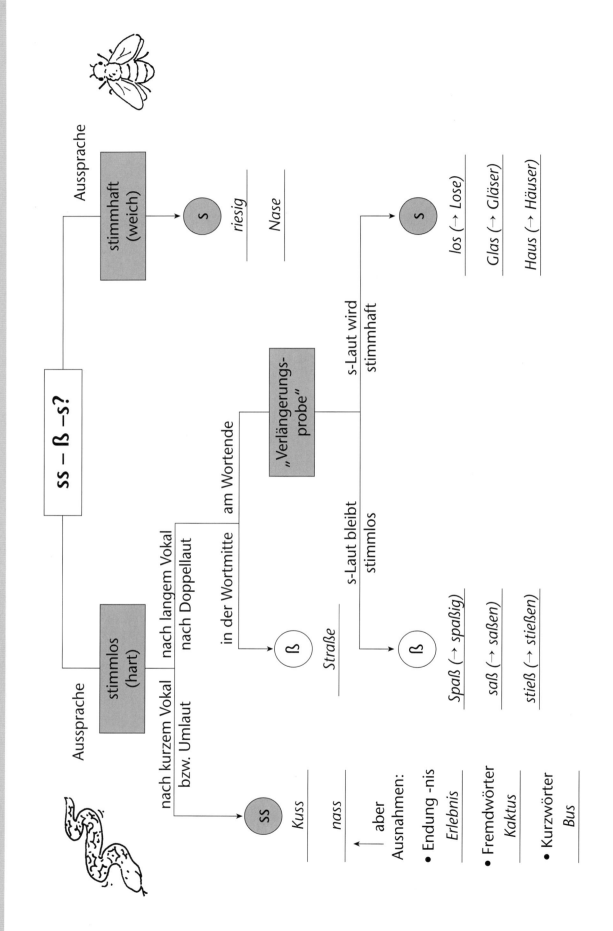

14 1. Problemfelder der Rechtschreibung

1.6 Die Schreibung des s-Lautes

Didaktisch-methodische Hinweise

Der Klasse wird folgender Lückentext, in dem die fehlenden s-Laute *(s – ss – ß)* eingetragen werden sollen, vorgelegt:

Die gro___e, schlanke Frau mit den blonden Haaren hatte ein spa___iges Erlebni___. Als sie mit ihrem Kaktu___ in den rie___igen Bu___ eingestiegen war, fuhr die___er auf der na___en Stra___e so plötzlich lo___, da___ ein Fahrgast, der vor ihr sa___, mit seiner Na___e gegen die Stacheln stie___. Sie entschuldigte sich sofort mit einem Ku___ auf die Wange. Anschlie___end lud der Mann sie bei sich zu Hau___e auf ein Gla___ Wein ein.

Beim Ausfüllen der Lücken werden die Regeln und Hilfen zur s-Schreibung erarbeitet und an der Tafel festgehalten. Die Wörter mit den s-Lauten werden nach und nach als Beispiele zu den Regeln ergänzt.

Erläuterungen zur Präsentation

1. Der stimmhafte (weiche) s-Laut klingt wie das Summen der Biene. Er wird *s* geschrieben. (+ Pfeile + Biene + Beispielwörter)
2. Der stimmlose (harte) s-Laut klingt wie das Zischen der Schlange. Nach kurzem Vokal oder Umlaut wird er mit Doppel-s geschrieben. (+ Pfeile + Schlange + Beispielwörter)
3. Ausnahmen sind Nomen auf *-nis*, Fremd- und Kurzwörter. (+ Pfeil + Beispielwörter)
4. Nach einem langen Vokal oder einem Doppellaut (Diphthong) wie *au, eu, ei* etc. wird ein stimmloser s-Laut in der Mitte des Wortes ß geschrieben. (+ Pfeil + Beispielwort)
5. Kommt der stimmlose s-Laut nach einem langen Vokal oder einem Doppellaut am Wortende (Auslaut) vor, so hilft die „Verlängerungsprobe". Bleibt der s-Laut durch die Wortverlängerung stimmlos, schreibt man ihn mit ß. (+ Pfeil + Beispielwörter)
6. Wird der s-Laut durch die Wortverlängerung dagegen stimmhaft, schreibt man ihn mit *s*. (+ Pfeil + Beispielwörter)

1.7 Getrennt- und Zusammenschreibung

Getrenntschreibung (REGEL)

Partizip	Verb
gefangen	nehmen
verloren	gehen

Nomen	Verb
Rad	fahren
Angst	haben

Verb	Verb
kennen	lernen
spazieren	gehen

Adjektiv	Verb
ruhig	stellen
schnell	laufen

Partizip	Adjektiv
brennend	heiß
rasend	schnell

Adjektiv	Adjektiv
winzig	klein
eisig	kalt

Zusammenschreibung (AUSNAHME)

aber → **verblasste Nomen** / **Nomen und Verb nicht umstellbar**
- teilnehmen, preisgeben, stattfinden
- schlafwandeln, schlussfolgern, bergsteigen, wetteifern

aber → **Adjektiv nicht zu steigern** / **Adjektiv und Verb nicht trennbar**
- fernsehen, wahrsagen, fortsetzen, schwarzsehen
- langweilen, liebkosen, frohlocken, weissagen

aber → **erstes Adjektiv ohne -ig/-lich/-isch**
- nasskalt, taubstumm, bitterböse, blaugrau

1.7 Getrennt- und Zusammenschreibung

Didaktisch-methodische Hinweise

Der Klasse wird eine Liste mit Wörtern, die zusammen- und getrennt geschrieben werden, vorgelegt. Diese Liste lässt sich schnell aus den Beispielwörtern des Arbeitsblattes zusammenstellen. Zunächst werden die Wörter, welche man auseinander schreibt, in ihrer Zusammensetzung (nach Wortarten, aus denen sie zusammengesetzt sind) analysiert. Dabei wird der linke Teil des Tafelbilds erstellt. Anschließend werden die zusammengeschriebenen Wörter betrachtet. Sie werden als Ausnahmen an die entsprechende Stelle auf die rechte Seite des Tafelbilds geschrieben. Die jeweiligen Gemeinsamkeiten dieser Ausnahmefälle werden – in Gegenüberstellung mit den Beispielwörtern des Regelteiles – herausgearbeitet und im Mittelteil des Tafelbilds notiert.

Erläuterungen zur Präsentation

1. Die Verbindung eines Partizips mit einem Verb schreibt man getrennt.
    (+ Kästchen + Beispielwörter)
2. Die Verbindung eines Nomens mit einem Verb schreibt man getrennt.
    (+ Kästchen + Beispielwörter)
3. Die Verbindung eines Verbs mit einem weiteren Verb schreibt man getrennt.
    (+ Kästchen + Beispielwörter)
4. Die Verbindung eines Adjektivs mit einem Verb schreibt man getrennt.
    (+ Kästchen + Beispielwörter)
5. Die Verbindung eines Partizips mit einem Adjektiv schreibt man getrennt.
    (+ Kästchen + Beispielwörter)
6. Die Verbindung eines Adjektivs mit einem weiteren Adjektiv schreibt man getrennt.
    (+ Kästchen + Beispielwörter)
7. Die Getrenntschreibung ist die Regel. Es gibt folgende Ausnahmen.
8. Nomen, die nicht mehr in ihrer ursprünglichen Bedeutung vorkommen (also verblasst sind), werden mit Verben zusammengeschrieben. Gleiches gilt, wenn das Nomen und das Verb in einer konjugierten Form nicht umgestellt werden: z. B. *er schlafwandelt* (aber nicht: *er wandelt schlaf*) (+ Kästchen + Beispielwörter)
9. Adjektive, die nicht steigerbar sind, werden mit Verben zusammengeschrieben. Gleiches gilt, wenn das Adjektiv und das Verb in einer konjugierten Form nicht umgestellt werden: z. B. *Die Arbeit langweilt mich.* (aber nicht: *Die Arbeit weilt mich lang.*) (+ Kästchen + Beispielwörter)
10. Adjektive, die nicht auf *-ig, -lich* oder *-isch* enden, werden mit einem weiteren Adjektiv zusammengeschrieben. (+ Kästchen + Beispielwörter)

1.8 Die Schreibung der Wörter aus der Wortfamilie „Tod"

NOMEN

der/die Tote
Totengräber
Totenkopf
Totenstille
Totentanz
u. a.

aber:

der Tod
Todesangst
Todesstrafe
Todesopfer
Todesfall
Todesnot
u. a.

ADJEKTIVE

totenbleich
totenstill
totenblass

VERBEN

töten
totlachen
totstellen
totschlagen
u. a.

todtraurig
todernst
todesmutig
todkrank
todmüde
todschick
todsicher
todgeweiht
todunglücklich
todbringend
tödlich

1.8 Die Schreibung der Wörter aus der Wortfamilie Tod

Didaktisch-methodische Hinweise

Der Klasse wird folgender Text diktiert:

Dass der Tod manchmal unberechenbar ist, lässt sich nicht totschweigen. Bei Naturkatastrophen werden oft viele Menschen getötet. Die Zahl der Toten ist erschreckend. Die Angehörigen sind todtraurig über die Todesopfer.

Der Lehrer projiziert auf einer Folie den korrekt geschriebenen Text an die Wand. Während die Schüler ihre eventuell begangenen Fehler verbessern, zeichnet der Lehrer ein Kreuz an die Tafel, in das danach die Wörter der Wortfamilie Tod sowie die jeweiligen Wortarten an den entsprechenden Stellen eingetragen werden.

Erläuterungen zur Präsentation

1. Zunächst erscheint das Kreuz, in das die Wörter eingetragen werden.
2. Lebewesen, die nicht mehr leben, sind *Tote* (Nomen) oder *tot* (Adjektiv) und werden mit *t* geschrieben. Dies gilt auch für alle Zusammensetzungen mit *Toten* (Nomen) bzw. *toten* (Adjektive). (Beispielwörter + Nomen + Adjektive)
3. Der Zustand des *Totseins* heißt *Tod* und wird mit *d* geschrieben. Alle Zusammensetzungen aus *Todes* und einem weiteren Nomen bzw. alle Adjektive der Wortfamilie, die mit *tod/töd* beginnen, werden mit *d* geschrieben. (Beispielwörter)
4. Alle Verben der Wortfamilie, insbesondere die mit dem Adjektiv *tot* zusammengesetzten Verben, werden mit *t* geschrieben. (Beispielwörter + Verben)

2.1 Genera und Artikel

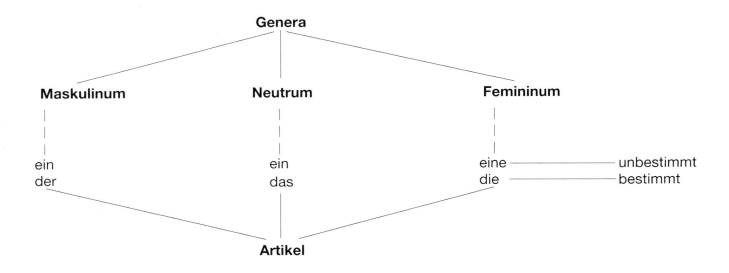

2.2 Starke und schwache Verben

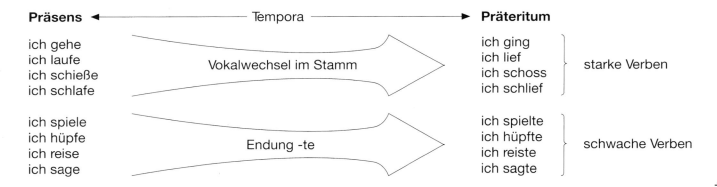

2.1 Genera und Artikel

Didaktisch-methodische Hinweise

Ausgehend von einem kurzen Satz in zwei Varianten (z. B.: *Der Mann und die Frau lesen das Buch./Ein Mann und eine Frau lesen ein Buch.*) werden die drei Genera der deutschen Sprache eingeführt bzw. wiederholt.
Anschließend wird erarbeitet, dass diese drei Genera im Nominativ durch bestimmte Artikel eindeutig gekennzeichnet werden, wogegen die unbestimmten Artikel den Unterschied zwischen Neutrum und Maskulinum nicht zum Ausdruck bringen.

Erläuterungen zur Präsentation

1. Wie lauten die Genera? (3 Linien oben + Maskulinum, Neutrum, Femininum)
2. Woran erkennt man das Genus eines Nomens? (Artikel)
3. Wie lauten die Artikel im Nominativ Singular für die drei Genera? (3 Linien unten + *ein, der – ein, das – eine, die*)
4. Man unterscheidet zwei verschiedene Arten von Artikeln.
   Man nennt diese zwei Arten die bestimmten und die unbestimmten Artikel.

2.2 Starke und schwache Verben

Didaktisch-methodische Hinweise

Einige Verben (*gehen, spielen, hüpfen, laufen, reisen, sagen, schießen, schlafen*) werden an der Tafel notiert. Ein Teil der Schüler setzt diese zunächst in die 1. Person Singular Präsens, der andere Teil in die 1. Person Singular Präteritum. Die Feststellung, dass manche Verben in Präsens und Präteritum einen unterschiedlichen Stamm aufweisen, wogegen andere beim Wechsel vom Präsens ins Präteritum den Stamm beibehalten, an den dafür aber *-te* angefügt wird, führt zur Unterscheidung der starken und schwachen Verben.

Erläuterungen zur Präsentation

1. Bildet die 1. Person Singular Präsens einiger Verben! (Präsens + Verbformen links)
2. In der Grammatik bezeichnet man die Zeiten als „Tempora".
   (+ Pfeile oben nach links und rechts)
3. Setzt die Verben in die 1. Person Singular Präteritum! (Präteritum + Verbformen rechts)
4. Die Bildung des Präteritums unterscheidet sich in beiden Gruppen. (große Pfeile)
5. Man teilt die Verben deshalb in starke (Vokalwechsel im Stamm) und schwache Verben (kein Vokalwechsel im Stamm, aber Endung *-te*) ein. (Klammern rechts)

2.3 Verben

transitiv
- nehmen
- schlagen
- küssen

intransitiv
- eilen
- hüpfen
- blinzeln
- wanken

Bewegung (Vollverben)
- essen
- schlafen
- kommen
- laufen
- fliegen

keine Bewegung / Bewegung (Vollverben)
- lesen
- fahren
- turnen

Modalverben
- können
- müssen
- wollen

Hilfsverben
- sein
- haben
- werden

reflexiv
- sich sputen
- sich benehmen
- sich langweilen

nicht reflexiv
- holen
- geben

stark
- gehen
- stehen
- schreiben
- schießen

schwach
- arbeiten
- basteln
- spielen

2. Grammatik im Überblick

2.3 Verben

Didaktisch-methodische Hinweise

Zunächst wird erarbeitet, dass sich die Verben hinsichtlich ihrer Funktion (reflexiv – nicht reflexiv, transitiv – intransitiv, Hilfs-, Modal- und Vollverben), ihrer Bedeutung (Verben der Bewegung, andere Verben) und ihrer Bildungsweise im Präteritum (schwache und starke Verben) unterscheiden. Damit die Schüler die Unterschiede erkennen, können jeweils zwei Verben, die unterschiedlichen Kategorien angehören, genannt und in einem Satz verwendet werden: z. B. *nehmen (er nimmt das Fahrrad), eilen (er eilt nach Hause)*.
Anschließend werden für die gefundenen Einteilungen (weitere) Beispiele von Verben gesucht.

Erläuterungen zur Präsentation

1. Wie unterscheiden sich die Verben in folgendem Satz: *Otto saß zu Hause und langweilte sich.*? (reflexive und nicht reflexive Verben + Wand links)
2. Wie unterscheiden sich die Verben in folgendem Satz: *Er hatte das Buch nicht lesen können.*? (Vollverben, Hilfsverben, Modalverben + Boden des Hauses)
3. Wie unterscheiden sich die Verben in folgendem Satz: *Deshalb ist er in die Küche gegangen und hat etwas gegessen.*? (Verben der Bewegung, Verben, die keine Bewegung ausdrücken + Wand rechts)
4. Wie unterscheiden sich die Verben in folgendem Satz: *Dann schlief er ein und träumte von einem schönen Auto.*? (starke und schwache Verben + Dach links)
5. Wie unterscheiden sich die Verben in folgendem Satz: *Schließlich wachte er auf und schaltete den Fernseher an.*? (Verben mit direktem Objekt, man nennt sie transitive Verben, und Verben ohne direktes Objekt, sogenannte intransitive Verben + Dach rechts)
6. Nennt weitere Beispiele für diese unterschiedlichen Arten von Verben! (Verben der Reihe nach bei den verschiedenen Kategorien)

2.4 Attributive und prädikative Verwendung von Adjektiven

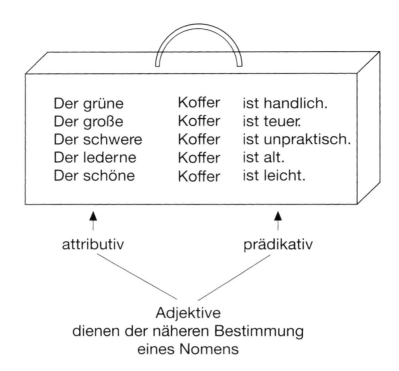

2.5 Aufgaben von Adverbien

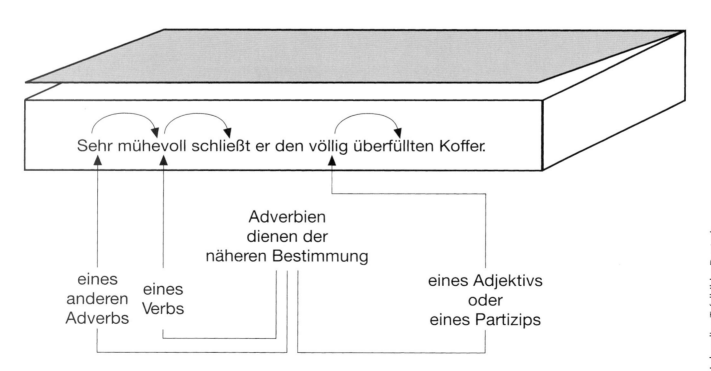

2.4 Attributive und prädikative Verwendung von Adjektiven

Didaktisch-methodische Hinweise

Der Lehrer zeichnet einen Koffer an die Tafel oder bringt aus einem Katalog eine Abbildung eines Koffers oder einen echten Koffer in den Unterricht mit. Die Schüler beschreiben den Koffer, indem sie Adjektive nennen. Es wird ersichtlich, dass diese Adjektive attributiv und prädikativ verwendet werden können.

Erläuterungen zur Präsentation

1. Beschreibt den Koffer in einem Satz! (Kofferumriss)
2. Beispiele für Beschreibungen des Koffers.
3. Wozu dienen Adjektive? (Antwort + schräge Striche unten)
4. Adjektive können attributiv verwendet werden, d. h. sie stehen vor dem Nomen und werden z. T. dekliniert. (attributiv + kleiner Pfeil links)
5. Adjektive können prädikativ verwendet werden, d. h. sie sind Teil der Satzaussage und werden nie dekliniert. (prädikativ+ kleiner Pfeil rechts)

2.5 Aufgaben von Adverbien

Didaktisch-methodische Hinweise

Der Lehrer versucht, einen mitgebrachten, äußerst vollen Koffer zu schließen, was die Schüler in einem Satz beschreiben sollen. Einer der Sätze, welcher ein Adverb enthalten muss, das aussagt, wie der Koffer geschlossen wird (z. B. *mühevoll, verzweifelt, vergeblich* etc.), und eines, das zum Ausdruck bringt, wie sehr der Koffer überfüllt ist (*stark, erheblich, völlig* etc.), wird zusammen mit dem verstärkenden Adverb „*sehr*" an der Tafel notiert. Nun kann erarbeitet werden, dass Adverbien der näheren Bestimmung eines Verbs, eines anderen Adverbs oder eines Adjektivs bzw. Partizips dienen können.

Erläuterungen zur Präsentation

1. Beschreibt meine Handlung in einem Satz! Beispiel für einen solchen Satz.
2. Adverbien können verschiedene Wortarten näher bestimmen.
3. *mühevoll* bestimmt das Verb *schließen* näher. Frage: Wie schließt er den Koffer? (eines Verbs + Pfeile)
4. *sehr* ist eine nähere Bestimmung für das Adverb *mühevoll*. Frage: Wie mühevoll ist das Schließen des Koffers? (eines anderen Adverbs + Pfeile)
5. *völlig* bestimmt das Partizip *überfüllt* näher. Frage: Wie überfüllt ist der Koffer? (eines Adjektivs oder eines Partizips + Pfeile)

2.6 Tempora und Zeitstufen

Ereignisse sind:
- zukünftig → Futur
- gegenwärtig → Präsens
- vergangen → Plusquamperfekt/Präteritum/Perfekt

Tempora der Grammatik

wenn das Eintreten des Ereignisses als sicher gilt

zur Steigerung der Spannung

2.6 Tempora und Zeitstufen

Didaktisch-methodische Hinweise

Der Lehrer nennt ein Ereignis, das sich am Tag/in der Woche vorher ereignet hat (z. B.: *Gestern gewann München das Spiel gegen Bremen.*), ein gegenwärtiges Ereignis (z. B.: *Der Schüler legt gerade sein Heft auf den Tisch.*) und ein Ereignis, das sich am folgenden Tag/in der folgenden Woche ereignen wird (z. B.: *Morgen werden wir einen Ausflug nach x machen.*). Ausgehend von der Erkenntnis, dass Ereignisse vergangen, gegenwärtig oder zukünftig sein können, werden die hierzu passenden Tempora der Grammatik erarbeitet. Über die Fragen, ob in der spannenden Erlebniserzählung Vergangenes immer im Präteritum/Perfekt dargelegt werden müsse und ob für Zukünftiges in der deutschen Sprache ausschließlich das Futur zuständig sei, gelangen die Schüler zur Einsicht, dass das Präsens auch für vergangene Ereignisse – nämlich zur Steigerung der Spannung – und für zukünftige Ereignisse – wenn nämlich das Eintreten dieses Ereignisses als sicher gilt oder durch eine Zeitangabe als zukünftig gekennzeichnet ist – Verwendung finden kann.

Erläuterungen zur Präsentation

1. In welche drei Zeitstufen lassen sich Ereignisse einordnen? (Ereignisse sind … + obere Leiste mit drei kleinen Pfeilen)
2. Vergangene Ereignisse werden im Plusquamperfekt, Präteritum oder Perfekt erzählt. (Plusquamperfekt/Präteritum/Perfekt + Pfeil links)
3. Gegenwärtige Ereignisse werden im Präsens erzählt. (Präsens + Pfeil Mitte oben)
4. Das Futur wird für zukünftige Ereignisse verwendet. (Futur + Pfeil rechts)
5. Wenn das Eintreten des zukünftigen Ereignisses als sicher gilt oder durch eine Zeitangabe als zukünftig gekennzeichnet ist, verwendet man im Deutschen auch oft das Präsens. (gestrichelter diagonaler Pfeil rechts)
6. Wenn man besonders spannend erzählen will, kann man für Vergangenes auch das Präsens verwenden. (gestrichelter diagonaler Pfeil links)
7. Präsens, Plusquamperfekt/Präteritum/Perfekt und Futur nennt man in der Grammatik „Tempora" (evtl. Wiederholung).

2.7 Die Verwendung des Plusquamperfekts

Zeitlich davor liegendes Geschehen   **Zeitpunkt in der Vergangenheit**

Ich bekam großen Durst, weil

ich den ganzen Tag gewandert war
und nichts getrunken hatte.

Also betrat ich das Lokal, das

ich bereits von Weitem gesehen hatte.

Eine Stunde später verließ ich
das Gasthaus mit einem Freund, den

ich dort getroffen hatte.

Kurz danach musste ich umkehren, weil

ich meinen Rucksack in der
Wirtsstube vergessen hatte.

28 2. Grammatik im Überblick

2.7 Die Verwendung des Plusquamperfekts

Didaktisch-methodische Hinweise

Der Klasse wird folgender Text vorgelegt (auf einem kleinen Zettel, auf Folie oder in einer Tafelanschrift) bzw. vorgelesen:
Ich wanderte den ganzen Tag und trank nichts. Ich bekam großen Durst. Ich sah von Weitem ein Lokal. Ich betrat das Lokal. Ich traf dort einen Freund. Eine Stunde später verließ ich das Gasthaus mit dem Freund. Ich vergaß meinen Rucksack in der Wirtsstube. Kurz danach musste ich umkehren.
Die Schüler werden schnell bemängeln, dass der Text nur aus unverbundenen Hauptsätzen besteht und deshalb langweilig wirkt. Die von der Klasse vorgeschlagene Abhilfemaßnahme, immer zwei Sätze zu Satzgefügen miteinander zu verbinden (vor allem: Haupt- und Temporal- bzw. Kausalsatz oder Relativsatz), führt zu folgender Problemstellung: Wie kann grammatikalisch/sprachlich die Reihenfolge bzw. die Vorzeitigkeit bestimmter Vorgänge zum Ausdruck gebracht werden? Nach der Erkenntnis, dass hierfür das Plusquamperfekt existiert, sollen jeweils zwei aufeinanderfolgende Sätze des Ausgangstextes so miteinander verknüpft werden, dass jeweils das Verb des Glied- oder Relativsatzes im Plusquamperfekt steht.

Erläuterungen zur Präsentation

1.–2. In einem Satz können sowohl Ereignisse, die in der Vergangenheit stattgefunden haben, als auch Ereignisse, die zeitlich noch davor liegen, erzählt werden.
3.–10. Verbindung von einem Ereignis der Vergangenheit mit einem zeitlich davor liegenden Ereignis in einem Satz. (Sätze bauen sich von oben nach unten der Reihe nach auf, dazwischen auch die Pfeile)

2.8 Die indirekte Rede

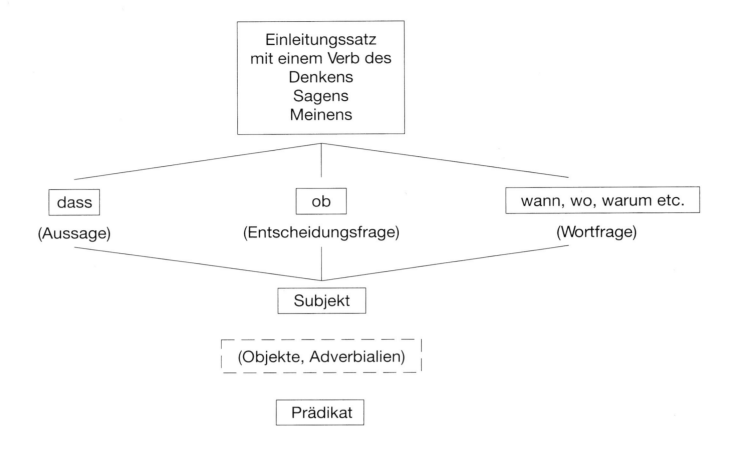

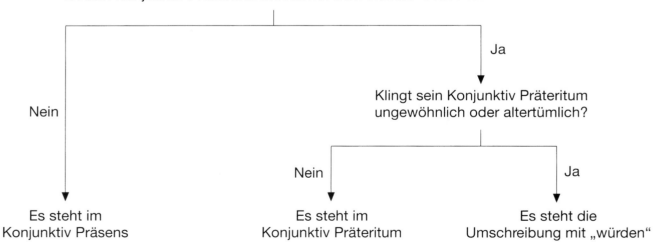

2.8 Die indirekte Rede

Didaktisch-methodische Hinweise

Voraussetzung für die Stunde ist, dass die Klasse bereits mit den Formen des Konjunktivs Präsens und Präteritum vertraut gemacht wurde. Zu Beginn wird ihr folgender Text vorgelegt:

Der Direktor der Schule verkündet, dass heute ein Feueralarm in der Schule stattfinde. Bald ertönt die Sirene im ganzen Gebäude und ist überall gut zu hören. Die Schüler schließen alle Fenster und verlassen umgehend ihre Klassenzimmer. Sie fliehen über den vorgeschriebenen Fluchtweg und begeben sich zur verabredeten Sammelstelle. Der Klassensprecher meldet es dem Sicherheitsbeauftragten der Schule, sobald die Klasse dort vollständig eingetroffen ist.

Zunächst wird eine Alternative zum ersten Satz vorgelesen:
Der Direktor der Schule verkündet: „Heute findet in der Schule ein Feueralarm statt."
Anhand des Vergleichs zwischen diesem Satz und dem ersten Satz des Textes wird der Begriff der indirekten Rede sowie deren Struktur und Satzbau erarbeitet. Insbesondere wird erkannt, dass die indirekte Rede durch die Konjunktion *dass* oder *ob* bzw. ein Fragepronomen (*wann, wo, warum* etc.) eingeleitet wird. Das Prädikat steht dann im Unterschied zur direkten Rede nicht an zweiter Stelle, sondern am Ende. Ferner sollte erkannt werden, dass die Konjunktion *dass* wegfallen kann, wodurch das Prädikat wieder die zweite Position in der indirekten Rede einnimmt:
Der Direktor der Schule verkündet, heute finde in der Schule ein Feueralarm statt.
Die anschließende Betrachtung des zweiten Satzes aus dem Eingangstext sollte ergeben, dass aus diesem Satz nicht klar ersichtlich wird, ob die Sirene nun nach der Ansage des Direktors tatsächlich kurz darauf ertönt oder ob dieses Geschehen noch Teil der Ankündigung des Direktors ist. Gleiches gilt für die restlichen Sätze. Um eindeutig auszudrücken, dass alle Sätze noch zur Aussage des Direktors gehören, muss der Konjunktiv verwendet werden. Dies führt zu folgenden Erkenntnissen:

- Unterscheidet sich der Konjunktiv Präsens vom Indikativ Präsens, steht das Verb der indirekten Rede im Konjunktiv Präsens (die 3. Person Singular *stattfinde* unterscheidet sich vom Indikativ *stattfindet*, *ertöne* von *ertönt*, *sei* von *ist*, *melde* von *meldet*).
- Unterscheidet sich der Konjunktiv Präsens nicht vom Indikativ Präsens, aber die Form des Konjunktivs Präteritum vom Indikativ Präteritum, steht das Verb der indirekten Rede im Konjunktiv Präteritum (die 3. Person Plural *schließen* lautet im Konjunktiv und Indikativ Präsens gleich, der Konjunktiv Präteritum lautet *schlössen*).
- Ist die Form des Konjunktivs Präteritum ebenfalls identisch mit der Form des Indikativs Präteritum, verwendet man die Umschreibung mit „würde" (die 3. Person Plural Präteritum *verließen* lautet im Indikativ und Konjunktiv gleich; Ersatz: *Sie würden verlassen*).
- Klingt die Form des Konjunktivs Präteritum ungewöhnlich oder altertümlich, wird ebenfalls die Umschreibung mit *würde* bevorzugt (die Formen des Konjunktivs Präteritum *sie flöhen* und *sie begäben sich* klingen veraltet; Ersatz: *Sie würden fliehen/Sie würden sich begeben*).

Erläuterungen zur Präsentation

1. Womit wird eine indirekte Rede eingeleitet? (Kasten oben)
2. Handelt es sich um einen Aussagesatz, steht danach die Konjunktion *dass*. (*dass* + Strich links)
3. Handelt es sich um eine Entscheidungsfrage, steht danach die Konjunktion *ob*. (*ob* + Strich Mitte)
4. Handelt es sich um eine Wortfrage, steht danach ein Fragepronomen. (*wann, wo, warum* etc. + Strich rechts)
5. Ansonsten gilt die normale Satzstellung eines Nebensatzes: Subjekt nach der einleitenden Konjunktion bzw. dem einleitenden Fragepronomen, Endstellung des Prädikats. (Striche unten + Kästen)
6. In welcher Form steht das konjugierte Verb des Prädikats der indirekten Rede?
7. Falls der Konjunktiv Präsens sich vom Indikativ Präsens in der Form unterscheidet, steht das Verb im Konjunktiv Präsens. (*Nein* + Pfeil links)
8. Lauten Konjunktiv Präsens und Indikativ Präsens gleich, kommt als Ersatz der Konjunktiv Präteritum in Frage. (*Ja* + Pfeil rechts)
9. Klingt die Form des Konjunktivs Präteritum nicht ungewöhnlich oder altertümlich, steht das Verb im Konjunktiv Präteritum. (*Nein* + Pfeil)
10. Klingt die Form des Konjunktivs Präteritum ungewöhnlich oder veraltet, wird als Ersatz die Umschreibung mit *würden* bevorzugt. (*Ja* + Pfeil)

2.9 Der Komparativ

der Ochse.

wie   als

sein

groß   kleiner

so   ist

will

Der Frosch

2.9 Der Komparativ

Didaktisch-methodische Hinweise

Nach der Behandlung der bekannten Fabel „Der Frosch und der Ochse" werden die Schüler aufgefordert, zunächst den Wunsch des Frosches und dann die Wirklichkeit in je einem Satz zu formulieren, in welchem beide Tiere vorkommen. Die genannten Sätze führen zu der Erkenntnis, wie der Komparativ gebildet wird und dass beim Vergleich bei Gleichheit der beiden verglichenen Tiere/Menschen/Gegenstände etc. *wie* und bei Ungleichheit *als* verwendet wird.

Erläuterungen zur Präsentation

1. Welchen Wunsch hat der Frosch? (Kästen *Frosch* und *Ochse*)
2. (Satz baut sich nach und nach mit Pfeilen und Kreisen auf.) **Er will so groß sein wie der Ochse. Bei Gleichheit steht** *wie*. (kleiner Kasten um *wie*)
3. (Satz baut sich nach und nach mit Pfeilen und Kreisen auf.) **Er ist kleiner als der Ochse: Besteht ein Unterschied, steht** *als*. (kleiner Kasten um *als*)

2.10 Das Passiv

Aktiv

Der Schiedsrichter	zeigte	in der 80. Spielminute	dem Mittelstürmer	die rote Karte.
Subjekt	Prädikat	Temporaladverbiale	Dativobjekt	Akkusativobjekt

Passiv

Dem Mittelstürmer	wurde	in der 80. Spielminute	die rote Karte	(vom Schiedsrichter)	gezeigt.
Dativobjekt	Prädikat 1	Temporaladverbiale	Subjekt	Präpositionalergänzung	Prädikat 2

34   2. Grammatik im Überblick

2.10 Das Passiv

Didaktisch-methodische Hinweise

Als Einstieg wird der Klasse (z. B. mittels einer Folie) ein Foto vorgelegt, auf dem zu sehen ist, wie ein Schiedsrichter einem Fußballspieler die rote Karte zeigt. Die Schüler sollen in einem Satz ausdrücken, was zu sehen ist. Zwei Vorschläge werden an der Tafel notiert, wobei einer der Sätze im Aktiv, der andere im Passiv stehen muss. Außerdem soll im Passivsatz der Schiedsrichter (als Urheber der Handlung) unerwähnt bleiben. Beim Vergleich des Informationsgehaltes beider Sätze fällt der Klasse auf, dass der Passivsatz nicht weniger informativ ist als der Aktivsatz, obwohl der Schiedsrichter nicht genannt wird, was daran liegt, dass der Schiedsrichter als Urheber der Handlung selbstverständlich ist. Es kann erarbeitet werden, dass das Passiv dann eingesetzt werden kann, wenn der Urheber der Handlung nicht genannt werden muss oder unbekannt ist (z. B.: *Die Frau wurde gestern überfallen.*). Ferner wird der Satzbau der beiden an der Tafel stehenden Sätze verglichen und die festgestellten Verschiebungen von Satzgliedern werden durch Pfeile gekennzeichnet.

Erläuterungen zur Präsentation

1. Was machte der Schiedsrichter? (Aktivsatz baut sich von links nach rechts auf.)
2. Nennt die Satzglieder! (Satzglieder bauen sich auf. + Aktiv)
3. Man könnte das natürlich auch im Passiv ausdrücken. (Passiv)
4. Wie lautet der Satz im Passiv?/Was passiert mit dem Fußballspieler? (Passivsatz baut sich von links nach rechts auf.)
5. Schauen wir uns nun die einzelnen Satzglieder noch einmal genauer an. (Farben für die Satzglieder + Satzgliedbestimmungen)
6. Das Prädikat wird nun zweigeteilt. Beachtet die Stellung. (Pfeil + Prädikat 1 + 2)
7. Das Akkusativobjekt wird zum Subjekt. (Pfeil + Subjekt)
8. Das Subjekt wird zur Präpositionalergänzung oder kann sogar ganz wegfallen. (Pfeil + Präpositionalergänzung)
9. Dativobjekt und Temporaladverbiale bleiben erhalten. Beachtet deren Stellung. (Dativobjekt/Temporaladverbiale)

2.11 Vorgangs- und Zustandspassiv

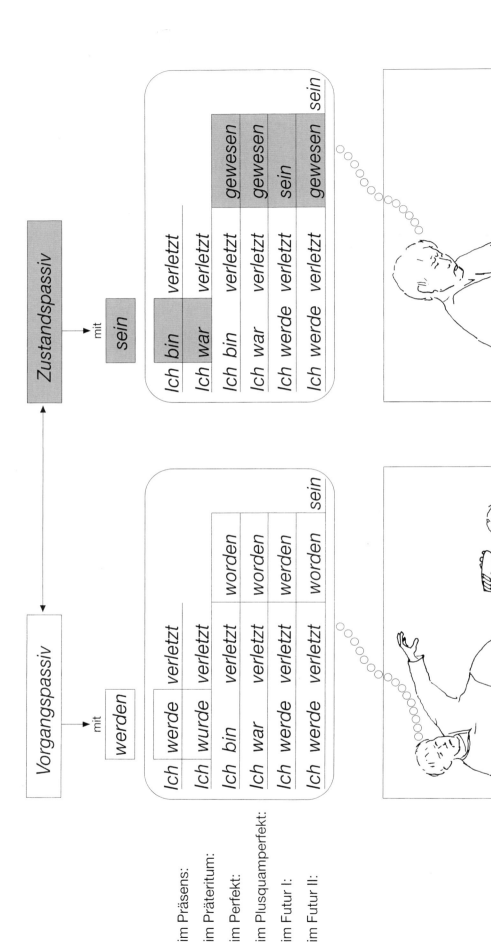

	Vorgangspassiv mit werden			Zustandspassiv mit sein	
im Präsens:	Ich werde verletzt			Ich bin verletzt	
im Präteritum:	Ich wurde verletzt			Ich war verletzt	
im Perfekt:	Ich bin verletzt worden			Ich bin verletzt gewesen	
im Plusquamperfekt:	Ich war verletzt worden			Ich war verletzt gewesen	
im Futur I:	Ich werde verletzt werden			Ich werde verletzt sein	
im Futur II:	Ich werde verletzt worden sein			Ich werde verletzt gewesen sein	

Norbert Berger: Lebendige Tafelbilder Deutsch
© Auer Verlag GmbH, Donauwörth

2.11 Vorgangs- und Zustandspassiv

Didaktisch-methodische Hinweise

Die Schüler sollen die Gedanken des Fußballspielers, der auf dem Arbeitsblatt zu sehen ist, während des Foulspiels seines Gegners sowie unmittelbar nach dem Foulspiel formulieren. Die beiden Sätze machen den Unterschied zwischen dem Vorgangspassiv (mit „werden") und dem Zustandspassiv (mit „sein") deutlich und sollen anschließend in andere Tempora (vgl. Tafelbild) gesetzt werden.

Erläuterungen zur Präsentation

1. Der Gedanke des Fußballers während des Foulspiels wird im Präsens und fünf weiteren Tempora formuliert. (Präsens – Futur II + Kasten mit Sätzen)
2. Der Gedanke des Fußballers nach dem Foulspiel wird im Präsens und fünf weiteren Tempora formuliert. (2. Kasten mit Sätzen)
3. Die Gedanken des Spielers, der gerade gefoult wird, stehen im Vorgangspassiv. (Kasten Vorgangspassiv)
4. Das Vorgangspassiv wird mit dem Hilfsverb *werden* gebildet. (Pfeil links mit Kasten *werden*)
5. Die Gedanken des Spielers, der nach dem Foul am Boden sitzt, stehen im Zustandspassiv. (Gegensatzpfeil + Kasten Zustandspassiv)
6. Das Zustandspassiv wird mit dem Hilfsverb *sein* gebildet. (Pfeil rechts mit Kasten *sein*)

2. Grammatik im Überblick

2.12 Satzarten

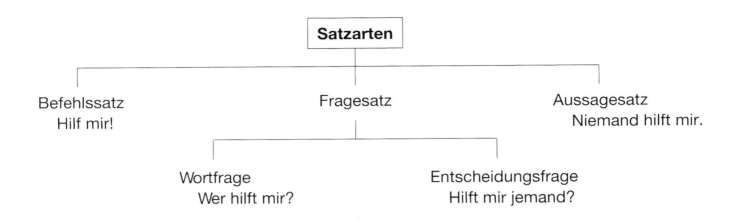

2.13 Die Umstellprobe zur Ermittlung der Satzglieder

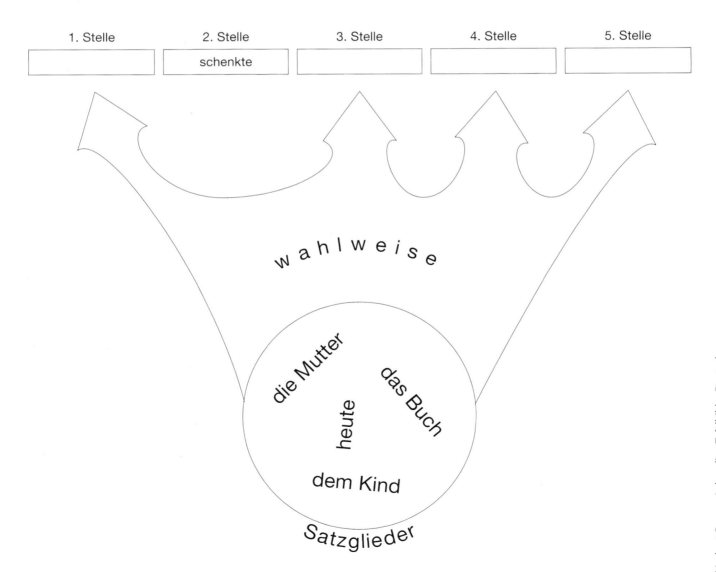

2.12 Satzarten

Didaktisch-methodische Hinweise

Ausgehend von einem Lesetext oder einer Erlebniserzählung eines Schülers, in dem bzw. in der eine Person erwähnt wird, welche Hilfe benötigt (eventuell kann ersatzweise auch ein geeignetes Foto als Einstieg dienen), sollen vier verschiedene Möglichkeiten genannt werden, wie der Hilfesuchende sich äußern könnte. Damit die im Tafelbild vorkommenden Satzarten formuliert werden, notiert der Lehrer als Hilfe (eventuell vorab) ein Ausrufezeichen, zwei Fragezeichen und einen Punkt an der Tafel.

Erläuterungen zur Präsentation

1. Die Person, welche Hilfe benötigt, ruft dies einer anderen Person zu. (Befehlssatz)
2.–3. Die Person, welche Hilfe benötigt, stellt Fragen, um jemanden zu finden, der ihr hilft. (Fragesatz, Wortfrage, Entscheidungsfrage + Striche Mitte)
4. Die Person, welche Hilfe benötigt, stellt etwas fest. (Aussagesatz)
5. Für verschiedene Absichten stehen verschiedene Satzarten zur Verfügung. (Striche + Kasten Satzarten)

2.13 Die Umstellprobe zur Ermittlung der Satzglieder

Didaktisch-methodische Hinweise

Der Lehrer notiert folgende Satzglieder an der Tafel (Alternativen: Flipcharts oder beschriftete Kartonstreifen): *dem Kind, das Buch, heute, schenkte, die Mutter* (je nach Kenntnisstand der Klasse können zusätzlich notiert werden: *wegen seines Geburtstages, zum Lesen, im Wohnzimmer*). Die Schüler verbinden die genannten Satzglieder (bzw. sortieren die Flipcharts oder Kartonstreifen) zu sinnvollen Aussagesätzen. Anhand der Tatsache, dass mehrere Sätze, die sich in der Stellung der Satzglieder unterscheiden, herauskommen werden, wird erarbeitet, dass nur die Stellung des Prädikats (zweite Position im Aussagesatz) im deutschen Satz fest ist, dass sich die Wertigkeit oder Betonung einzelner Satzglieder mit deren Stellung im Satz ändert und dass alle umstellbaren Teile eines Satzes Satzglieder genannt werden.

Erläuterungen zur Präsentation

1. An zweiter Stelle des Aussagesatzes steht immer das konjugierte Verb des Prädikats. Es kann nicht umgestellt werden. (schenkte erscheint im 2. Kasten)
2. An erster Stelle des Aussagesatzes können das Subjekt (hier: *die Mutter*), eine Temporaladverbiale (hier: *heute*) oder andere Adverbialen, ein Akkusativobjekt (hier: *das Buch*), ein Dativobjekt (hier: *dem Kind*) oder ein Genitivobjekt stehen. An der dritten, vierten, fünften Stelle können wieder alle Satzglieder (außer dem Prädikat) stehen. (Wörter aus dem Kreis wandern der Reihe nach in die Kästen oben und zurück in den Kreis.)
3.–4. Subjekte, Objekte und Adverbialen sind Satzglieder, die man daran erkennen kann, dass sie im Satz umstellbar sind. Es ändert sich nicht der Inhalt, sondern nur die Betonung. (*Satzglieder + wahlweise* erscheint)

2. Grammatik im Überblick 39

2.14 Die Frageprobe zur Ermittlung der Satzglieder

Letzten Donnerstag	reichte	Maximilian	vor dem Rathaus	wegen des Regens	der Dame	höflich lächelnd	seinen Schirm.
Temporaladverbiale	*Prädikat*	*Subjekt*	*Lokaladverbiale*	*Kausaladverbiale*	*Dativobjekt*	*Modaladverbiale*	*Akkusativobjekt*

Fragen:
- wann?
- was geschieht?
- wer oder was?
- wo?
- warum?
- wem oder was?
- wie?
- wen oder was?

Satzglieder

2.14 Die Frageprobe zur Ermittlung der Satzglieder

Didaktisch-methodische Hinweise

Der Lehrer gibt einem Schüler einen Regenschirm und bittet diesen, sich vorzustellen, es regne, und vor der Klasse mit einer Schülerin ein kurzes Rollenspiel zu improvisieren. Anschließend sollen die Mitschüler die Szene versprachlichen. Sie sollen einen Satz formulieren, in dem der Name des Schülers und die Nomen *Schirm* und *Dame* sowie das Verb *reichen* vorkommen. Auf einem Blatt werden sodann der Name des Schülers (z. B. *Maximilian*), die beiden Nomen und das Verb notiert. Nun wird gefragt, wie der Satz (*Maximilian reichte der Dame seinen Schirm.*) noch mehr Information erhalten könne, sodass die im Rollenspiel dargelegte Situation noch genauer beschrieben werde. Die sich stellenden Fragen und die Antworten werden auf dem Blatt nach und nach ergänzt.

Erläuterungen zur Präsentation

1.–2. Das Subjekt antwortet auf die Frage *wer oder was* (Kästchen Subjekt + Regentropfen)
3.–4. Das Dativobjekt antwortet auf die Frage *wem oder was* (Kästchen Dativobjekt + Regentropfen)
5.–6. Das Akkusativobjekt antwortet auf die Frage *wen oder was* (Akkusativobjekt + Regentropfen)
7.–8. Das Prädikat sagt aus, was geschieht. (Prädikat + Regentropfen)
9.–10. Die Temporaladverbiale sagt aus, wann (auch: seit wann, bis wann, wie lang) etwas geschieht. (Temporaladverbiale + Regentropfen)
11.–12. Die Lokaladverbiale sagt aus, wo etwas geschieht (auch: woher/wohin jmd./etw. kommt, geht etc.). (Lokaladverbiale + Regentropfen)
13.–14. Die Kausaladverbiale sagt aus, warum etwas geschieht. (Kausaladverbiale + Regentropfen)
15.–16. Die Modaladverbiale sagt aus, wie (in welcher Art und Weise) etwas geschieht. (Modaladverbiale + Regentropfen)
17. Die Satzglieder (mit Ausnahme des Prädikats) sind umstellbar, wodurch sich nur die Betonung ändert, nicht der Inhalt. (Stiel Satzglieder)

2.15 Das Prädikat (Verbglied) und seine grammatikalischen Funktionen

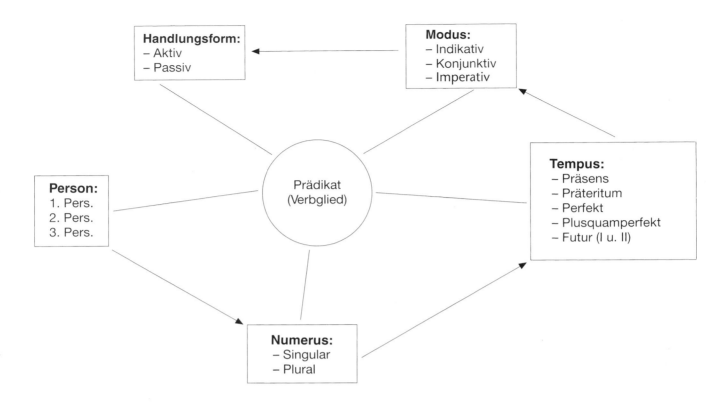

2.16 Die Prädikatsklammer

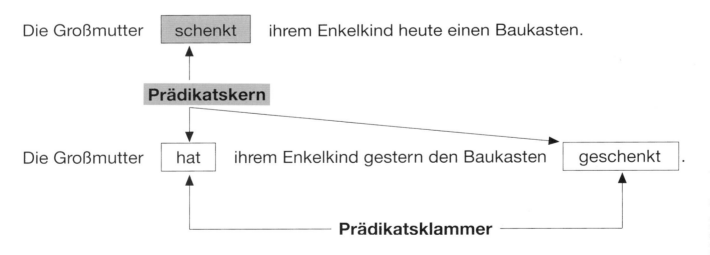

2.15 Das Prädikat (Verbglied) und seine grammatikalischen Funktionen

Didaktisch-methodische Hinweise

Ausgehend von dem Satz „*Sie seien verhaftet worden.*" werden die grammatikalischen Informationen, welche durch das Verb gegeben werden, ermittelt:
Dieses sagt aus,

- ➤ dass es um mehrere Personen geht (am Numerus erkennbar),
- ➤ dass der Vorgang vergangen ist (am Tempus erkennbar),
- ➤ dass es sich um eine indirekte Redewiedergabe handelt (am Modus erkennbar),
- ➤ dass die Personen nicht die Urheber der Handlung sind, also nicht selbst verhaften (an der Handlungsform des Passivs erkennbar).

Erläuterungen zur Präsentation

1. Das Prädikat informiert über Geschehnisse, Handlungen, Vorgänge etc. (Prädikat + Kreis)
2. Man kann am Pronomen und an der Endung des Prädikats erkennen, welche Person (Person + Kasten links, Pfeil)
3. und wie viele Personen beteiligt ist/sind. (Numerus + Kasten unten Mitte, Pfeile)
4. An der Form und an der Endung des Prädikats kann man erkennen, wann etwas geschieht/geschehen ist/geschehen wird etc., (Tempus + Kasten rechts, Pfeile)
5. ob der Vorgang tatsächlich geschieht (Indikativ), von ihm in indirekter Rede gesprochen wird (Konjunktiv) oder etwas befohlen wird (Imperativ) (Modus + Kasten oben rechts, Pfeile)
6. und ob das Subjekt selbst etwas macht (Aktiv) oder ob etwas mit ihm geschieht (Passiv). (Handlungsform + Kasten oben links, Pfeile)

2.16 Die Prädikatsklammer

Didaktisch-methodische Hinweise

Die Schüler nennen einen Aussagesatz im Präsens, der ein Akkusativ- und ein Dativobjekt enthalten soll. Der Satz wird ins Perfekt gesetzt. Aus dem Vergleich beider Sätze lässt sich der Begriff „Prädikatsklammer" erarbeiten und veranschaulichen.

Erläuterungen zur Präsentation

1. Das ist ein Beispiel für einen Aussagesatz mit Akkusativ- und Dativobjekt im Präsens. (Der obere Satz (Präsens) baut sich von links nach rechts auf.)
2. Dieser Satz lautet folgendermaßen im Perfekt. (Der untere Satz (Perfekt) baut sich von links nach rechts auf.)
3. Der Prädikatskern steht an 2. Stelle im Aussagesatz. (Prädikatskern + Pfeile + Kasten um *schenkt*)
4. Was ändert sich, wenn der Satz im Perfekt steht? Hilfsverb und Vollverb bilden um die anderen Satzglieder herum eine Prädikatsklammer, wobei das Hilfsverb an 2. Stelle, das Vollverb an letzter Stelle steht. (Prädikatsklammer + Pfeile + Kasten um *hat* und *geschenkt*)

2. Grammatik im Überblick 43

2.17 Verschiedene Arten von Subjekten und Objekten

SUBJEKTE können sein:

- Nomen mit Begleiter (evtl. mit Adjektiv): **Der einsame Inselbewohner** rettete Freitag.
- Namen: **Robinson Crusoe** versuchte, es sich wohnlich zu machen.
- Pronomen: **Er** begriff auf einmal, woher die Fußspuren stammten.
- Infinitive: **Die Kannibalen zu beobachten**, war dem Mann unheimlich.
- Gliedsätze: **Wann ein Schiff kommen würde**, war ihm nicht klar.

OBJEKTE können sein:

- Namen: Der einsame Inselbewohner rettete **Freitag**.
- Infinitive: Robinson Crusoe versuchte, **es sich wohnlich zu machen**.
- Gliedsätze: Er begriff auf einmal, **woher die Fußspuren stammten**.
- Nomen mit Begleiter (evtl. mit Adjektiv): Die Kannibalen zu beobachten, war **dem Mann** unheimlich.
- Pronomen: Wann ein Schiff kommen würde, war **ihm** nicht klar.

2.17 Verschiedene Arten von Subjekten und Objekten

Didaktisch-methodische Hinweise

Nach einem kurzen Gespräch über Robinson und Freitag aus Daniel Defoes Roman wird der Klasse folgender Text vorgelegt:
Robinson Crusoe versuchte, es sich auf der Insel wohnlich zu machen. Wann ein Schiff kommen würde, war ihm nicht klar. Er sah Fußspuren und begriff auf einmal, woher diese stammten. Die Kannibalen zu beobachten, war dem Mann unheimlich. Der einsame Inselbewohner rettete Freitag aus den Händen der Wilden.
Die Analyse der Satzglieder der fünf Sätze ergibt, woraus die durch Kästen markierten Subjekte und Objekte bestehen können.

Erläuterungen zur Präsentation

1. Untersuchen wir folgende Sätze bezüglich ihrer Subjekte und Objekte.
   (Die Sätze bauen sich von links nach rechts und von oben nach unten der Reihe nach auf.)
2. Subjekte eines Satzes können aus unterschiedlichen Wortarten bestehen und ein oder mehrere Wörter umfassen. (Subjekte links + Linie mit 5 Querstrichen)
3. Ein Subjekt kann aus einem Nomen mit Artikel bestehen, dem z. B. ein Adjektiv als Attribut (nähere Bestimmung) beigefügt sein kann. (Nomen mit Begleiter + Kasten um *Der einsame Inselbewohner*)
4. Ein Subjekt kann aus einem Eigennamen bestehen. (Namen + Kasten um *Robinson Crusoe*)
5. Ein Subjekt kann aus einem Personalpronomen bestehen. (Pronomen + Kasten um *Er*)
6. Ein Subjekt kann aus einem Infinitiv bestehen. (Infinitive + Kasten um *Die Kannibalen zu beobachten*)
7. Ein Subjekt kann aus einem Gliedsatz bestehen. (Gliedsätze + Kasten um *Wann ein Schiff kommen würde*)

8. Objekte eines Satzes können aus unterschiedlichen Wortarten bestehen und ein oder mehrere Wörter umfassen. (Objekte rechts + Linie mit 5 Querstrichen)
9. Ein Objekt kann aus einem Namen bestehen. (Namen + Kasten um *Freitag*)
10. Ein Objekt kann aus einem Infinitiv bestehen. (Infinitive + Kasten um *es sich wohnlich zu machen*)
11. Ein Objekt kann aus einem Gliedsatz bestehen. (Gliedsätze + Kasten um *woher die Fußspuren stammten*)
12. Ein Objekt kann aus einem Nomen mit Artikel bestehen, dem z. B. ein Adjektiv als Attribut (nähere Bestimmung) beigefügt sein kann. (Nomen mit Begleiter + Kasten um *dem Mann*)
13. Ein Objekt kann aus einem Personalpronomen bestehen. (Pronomen + Kasten um *ihm*)

2.18 Verschiedene Arten von Attributen

Die (reiche) Frau (des Schmieds) kaufte ihrem (geliebten) Sohn, (dem sie eine Freude machen wollte,) das Bild (aus der Galerie).

- Adjektiv
- Genitivergänzung
- Partizip
- Relativsatz
- Präpositionalergänzung

Attribute sind (Erweiterungen) von nominalen Satzgliedern.

46 2. Grammatik im Überblick

2.18 Verschiedene Arten von Attributen

Didaktisch-methodische Hinweise

Der Lehrer notiert folgenden Satz an der Tafel:
Die Frau kaufte ihrem Sohn das Bild.
Die Schüler sollen nun den Informationsgehalt des Satzes erhöhen, indem sie alle drei nominalen Satzglieder erweitern. Aus den Vorschlägen lässt sich erarbeiten, dass Erweiterungen von nominalen Satzgliedern aus Adjektiven, Genitivergänzungen, Partizipien, Relativsätzen und Präpositionalergänzungen bestehen können. Der Lehrer präzisiert, dass man diese Erweiterungen Attribute nennt.

Erläuterungen zur Präsentation

1. Sehen wir uns folgenden Satz genau an. (Der Satz baut sich von links nach rechts auf.
2. Woraus bestehen Subjekt, Dativ- und Akkusativobjekt? (Kästen um *Frau, Sohn, das Bild*)
3. Dies sind die Attribute zu *Frau*. (Kästen um *reiche* + *des Schmieds* + Pfeile)
4. Es handelt sich um ein Adjektiv und eine Genitivergänzung. (Adjektiv + Genitivergänzung + Striche)
5. Attribute zu *Sohn* sind (Kästen um *geliebten* + *dem sie eine Freude machen wollte* + Pfeile)
6. Es handelt sich um ein Partizip und einen Relativsatz. (Partizip + Relativsatz + Striche)
7. Das Attribut zu *Bild* lautet (Kästen um *aus der Galerie* + Pfeil)
8. Es handelt sich um eine Präpositionalergänzung. (Präpositionalergänzung + Striche)
9. Nähere Bestimmungen zu Nomen werden als Attribute bezeichnet. (Attribute + fünf schräge Striche unten)
10. Welche Funktion haben Attribute? (Satz unten + Kästen und Pfeil unten)

2. Grammatik im Überblick

2.19 Die Funktion von Nebensätzen

Nebensätze können

Subjekt

$\boxed{\text{Dass}}$ du kommst, freut mich sehr.

Objekt

im Akkusativ:
Ich weiß, $\boxed{\text{dass}}$ du kommst.

im Genitiv:
Er beschuldigt ihn, $\boxed{\text{dass}}$ er nicht gekommen sei.

im Dativ:
Sie sah zu, $\boxed{\text{wie}}$ er kam.

Adverbiale

temporaler Art:
$\boxed{\text{Als}}$ er kam, freute sie sich.

kausaler Art:
$\boxed{\text{Weil}}$ er nicht kam, weinte sie.

konzessiver Art:
$\boxed{\text{Obwohl}}$ er kam, blieb sie traurig.

konditionaler Art:
$\boxed{\text{Wenn}}$ er kommt, wird sie froh sein.

lokaler Art:
$\boxed{\text{Wo}}$ früher die Burg war, steht jetzt eine Ruine.

Attribute

Es kam anders, $\boxed{\text{als}}$ er es geplant hatte.

sein.

Freunde, $\boxed{\text{die}}$ spät kommen, müssen warten.

Sie fragte ihn, $\boxed{\text{wann}}$ er komme.

$\boxed{\text{Was}}$ du siehst, gehört mir.

Nebensätze werden eingeleitet durch

Konjunktionen | Pronomen

2.19 Die Funktion von Nebensätzen

Didaktisch-methodische Hinweise

Folgende beiden Satzgefüge werden an der Tafel notiert:
Dass du kommst, freut mich sehr.
Sie fragte ihn, wann er komme.
Die Schüler sollen die Nebensätze ermitteln und vergleichen. Es wird erkannt,
➢ dass ein Nebensatz durch eine Konjunktion (*dass*) oder ein Pronomen (*wann*) eingeleitet werden kann,
➢ dass ein Nebensatz die Funktion eines Subjekts (vgl. 1. Satz) oder eines Akkusativobjekts (vgl. 2. Satz) haben kann.

Dann wird an weiteren (von den Schülern oder vom Lehrer genannten) Beispielen erarbeitet,
➢ dass auch Genitiv- und Dativobjekte aus Nebensätzen bestehen können,
➢ dass Nebensätze auch die Funktion von Adverbialen temporaler, kausaler, konzessiver, konditionaler, lokaler etc. Art haben können,
➢ dass Nebensätze auch als Attribute dienen können.

Erläuterungen zur Präsentation

1.–5. Nebensätze können durch Konjunktionen und Pronomen eingeleitet werden. (+ 2 Sätze 1. Spalte)
6.–8. Nebensätze können das Subjekt oder Objekt eines Satzes bilden.
9.–11. Beispiele für Nebensätze, welche Objekt eines Satzes sind und durch eine Konjunktion eingeleitet werden. (3 Sätze 2. Spalte oben)
12. Beispiel eines Nebensatzes, der die Funktion eines Objekts hat und durch ein Pronomen (hier: Fragepronomen) eingeleitet wird. (Satz 2. Spalte unten)
13. Nebensätze können die Funktion einer Adverbiale haben, werden deshalb auch Adverbialsätze genannt.
14.–17. Beispiele für Nebensätze, welche die Funktion einer Adverbiale haben und durch Konjunktionen eingeleitet werden. (4 Sätze 3. Spalte oben)
18. Beispiel eines Nebensatzes, welcher die Funktion eines Lokalsatzes hat und durch ein Pronomen (hier: Fragepronomen) eingeleitet wird. (Satz 3. Spalte unten)
19. Nebensätze können die Funktion eines Attributs haben.
20. Beispiel für einen Nebensatz, der die Funktion eines Attributs hat und durch eine Konjunktion eingeleitet wird. (Satz 4. Spalte oben)
21. Beispiel eines Nebensatzes, der die Funktion eines Attributs hat und durch ein Pronomen (hier: Relativpronomen) eingeleitet wird, deshalb auch Attribut- oder Relativsatz genannt. (Satz 4. Spalte unten)

2.20 Die wichtigsten Glied- oder Adverbialsatzarten

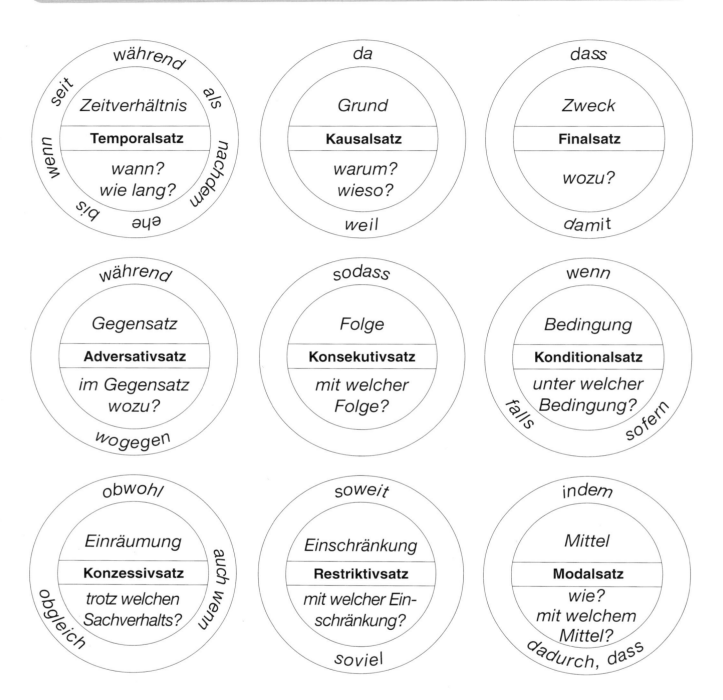

2.20 Die wichtigsten Glied- oder Adverbialsatzarten

Didaktisch-methodische Hinweise

Anhand des folgenden oder eines anderen geeigneten Textes können die wichtigsten Arten von Adverbialsätzen, ihre Funktionen (ihre Aussageinhalte) und die Fragen, auf welche sie antworten, erarbeitet werden:

Seit sie zum ersten Mal auf dem Rücken eines Pferdes gesessen hat, ist Karin eine begeisterte Reiterin, obwohl sie dabei sogar schon heruntergefallen ist. Weil ihre Eltern kein Geld für ein Pferd haben, ist sie im Reitverein, damit sie dennoch ihrem Hobby nachgehen kann. Soweit es ihr die Schule erlaubt, kümmert sie sich dort um die Pferde, wogegen ihre Klassenkameradinnen Musik hören oder am Computer sitzen. Sie verwöhnt die Pferde, indem sie diese streichelt, putzt und striegelt. Falls sie als Erwachsene noch Zeit zum Reiten haben wird, wird sie sich ein eigenes Pferd kaufen, sodass sie jeden Abend reiten kann.

Anschließend wird ergänzt, welche anderen Konjunktionen die vorkommenden Adverbialsatzarten einleiten können.

Erläuterungen zur Präsentation

1. Konjunktionen, die aussagen, wann (seit wann/bis wann/wie lang) etwas geschieht. (+ Doppelkreis)
2. Sie informieren über ein Zeitverhältnis.
3. Diese Konjunktionen leiten Temporalsätze (temporale Adverbialsätze) ein. (+ mittlerer Balken)
4. Die Temporalsätze antworten auf die Fragen *wann* oder *wie lang*.

5. Konjunktionen, die aussagen, warum etwas geschieht. (+ Doppelkreis)
6. Sie geben einen Grund an.
7. Diese Konjunktionen leiten Kausalsätze (kausale Adverbialsätze) ein. (+ mittlerer Balken)
8. Die Kausalsätze antworten auf die Fragen *warum* oder *wieso*.

Nach diesem Muster kann man auch alle anderen Kreis-Schaubilder erläutern.

3.1 Bestandteile eines Wortes

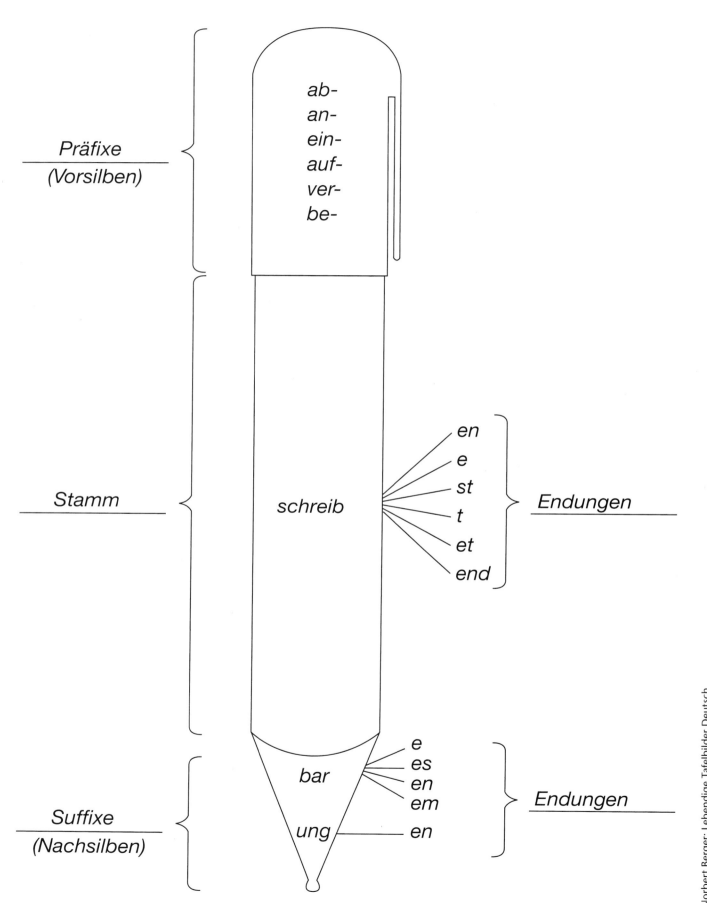

52 3. Wortschatz – facettenreich

3.1 Bestandteile eines Wortes

Didaktisch-methodische Hinweise

Der Lehrer schreibt den Wortstamm *schreib* groß an die Tafel und fordert die Schüler auf, daraus möglichst viele Wörter zu bilden. Dies kann auch als Wettbewerb (bei dem es einen Stift zu gewinnen gibt) in einer kurzen Phase der Stillarbeit durchgeführt werden. Die von der Klasse gefundenen Wörter mit dem Stamm *schreib* werden so an der Tafel notiert, dass der Stamm immer untereinandersteht. Daraus lassen sich dann leicht die „Bausteine" eines Wortes erarbeiten und im Tafelbild festhalten, wobei die Fachtermini „Präfix" und „Suffix" vom Lehrer eingeführt werden müssen.

Erläuterungen zur Präsentation

1. Mit dem Wortstamm *schreib* lassen sich viele Zusammensetzungen bilden.
2. Durch Endungen lassen sich der Infinitiv und andere gebeugte (konjugierte) Formen des Verbs *schreiben* bilden. (+ Striche mit Endungen, Klammer)
3. Aus dem Verb *schreiben* lassen sich durch einige Präfixe (Vorsilben) weitere Verben bilden. (+ Klammer)
4. Aus dem Stamm *schreib* lassen sich durch Suffixe (Nachsilben) ein Adjektiv und ein Nomen bilden. Aus beiden können durch Präfixe (vgl. 3.) weitere Adjektive bzw. Nomen abgeleitet werden. (+ Klammer)
5. Die entstandenen Adjektive und Nomen können durch Anhängen von Endungen gebeugt (dekliniert) werden. (+ Striche mit Endungen, Klammer)

3.2 Die Wortfamilie „les-"

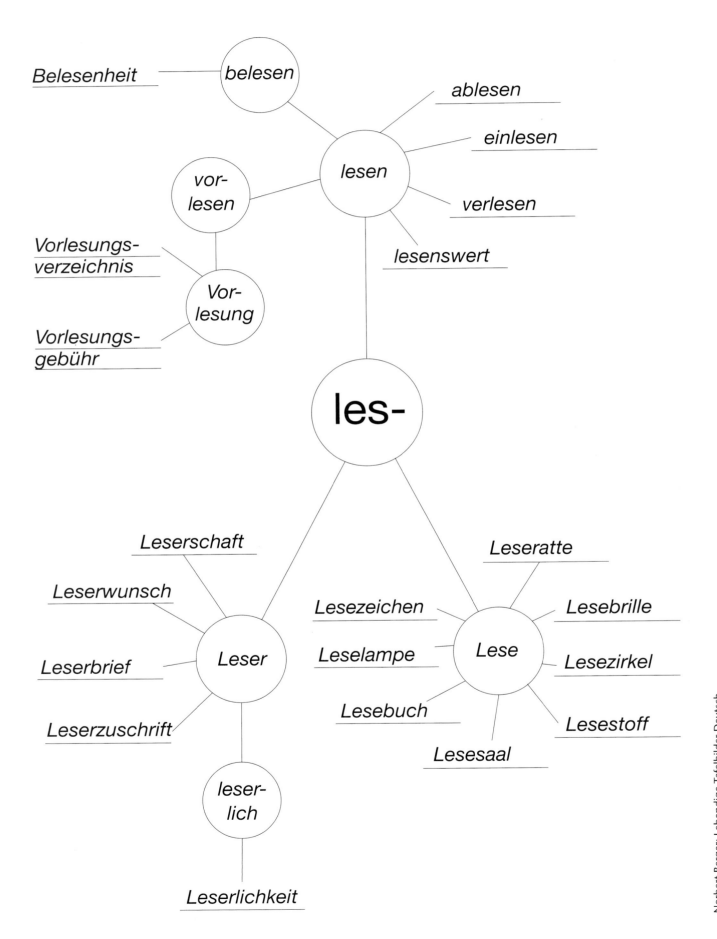

3.2 Die Wortfamilie „les-"

Didaktisch-methodische Hinweise

Der Lehrer schreibt den Wortstamm „les-" groß in die Mitte der Tafel und fordert die Schüler auf, daraus möglichst viele Wörter zu bilden. Dies kann auch als Wettbewerb (bei dem es ein Buch zu gewinnen gibt) in einer kurzen Phase der Stillarbeit durchgeführt werden. Die von der Klasse gefundenen Wörter mit dem Stamm „les-" werden, den drei Hauptstämmen *lesen*, *Leser* und *Lese* zugeordnet, der Reihe nach notiert.

Erläuterungen zur Präsentation

1. Aus dem Wortstamm „les-" lassen sich viele Verben, Adjektive und Nomen bilden.
2. Aus dem Verb *lesen* lassen sich durch Vorsilben (Präfixe) weitere Verben und ein Adjektiv sowie durch Anhängen eines Adjektivs (*wert*) noch ein Adjektiv bilden, sodass man auch hier von einem Hauptwortstamm sprechen kann. (Striche + verschiedene Wörter)
3. Aus einem der Adjektive lässt sich durch ein Suffix (Nachsilbe) ein Nomen bilden. (+ Striche)
4. Aus einem der Verben lässt sich durch ein Suffix (Nachsilbe) ein Nomen bilden. (+ Strich)
5. Aus diesem Nomen lassen sich durch Anhängen anderer Nomen zusammengesetzte Nomen bilden. (+ Striche)
6. Aus dem Wortstamm „les-" lässt sich das Nomen *Leser* bilden, das auch wieder ein Hauptwortstamm ist. (+ Strich)
7. Durch Anhängen von anderen Nomen oder Suffixen lassen sich einige zusammengesetzte Nomen und durch ein Suffix (Nachsilbe) lässt sich ein Adjektiv bilden. (+ Striche)
8. Aus dem Adjektiv lässt sich durch ein Suffix (Nachsilbe) wieder ein Nomen bilden. (+ Strich)
9. Aus dem von „les-" abgeleiteten Hauptwortstamm *Lese* lassen sich durch Anhängen von Nomen viele zusammengesetzte Nomen bilden. (+ Striche)

Es ließen sich natürlich noch viele weitere Wörter finden, aber Ziel war ja, einen Einblick in eine Wortfamilie und die Wortbildung zu geben.

3.3 Adjektive des Wortfelds „Gefühl"

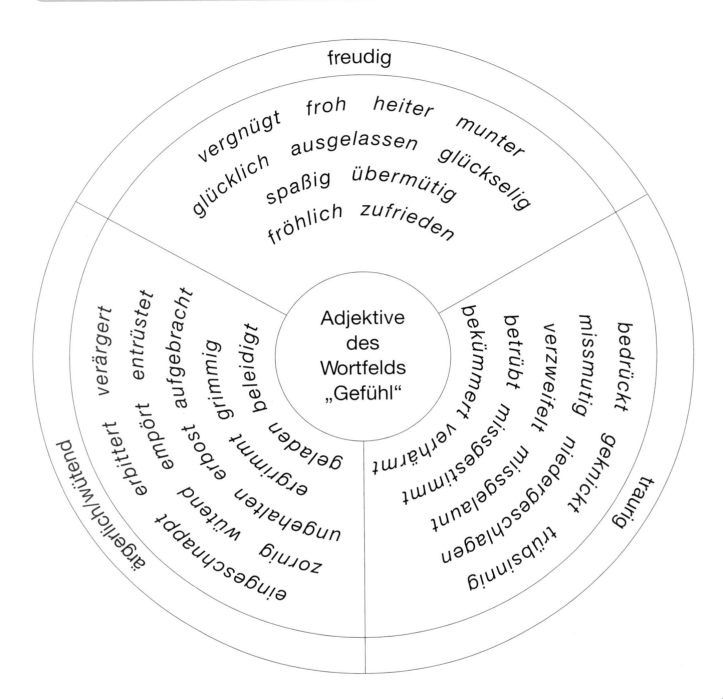

3.3 Adjektive des Wortfelds „Gefühl"

Didaktisch-methodische Hinweise

Der Lehrer bringt Fotos (z. B. aus Zeitschriften und Zeitungen) mit, auf welchen Gesichter zu sehen sind, deren Mimik Rückschlüsse auf einen Gefühlszustand (Trauer, Freude, Wut etc.) zulassen. Die Schüler beschreiben die Gefühle durch passende Adjektive.

Erläuterungen zur Präsentation

1. Es gibt unterschiedliche Arten von Gefühlen, die sich durch zahlreiche Adjektive beschreiben lassen. (+ Kreis Mitte)
2. Das Gesicht eines Menschen kann freudig sein. (+ oberes Segment)
3. Es gibt zahlreiche Synonyme im weiteren Sinne für *freudig*. (Wörter erscheinen)
4. Das Gesicht eines Menschen kann traurig sein. (+ rechtes Segment)
5. Es gibt zahlreiche Synonyme im weiteren Sinne für *traurig*. (Wörter erscheinen)
6. Das Gesicht eines Menschen kann ärgerlich oder wütend sein. (+ linkes Segment)
7. Es gibt zahlreiche Synonyme im weiteren Sinne für *ärgerlich* oder *wütend*. (Wörter erscheinen)

3.4 Beschreibung von Gefühlen (Teil 1)

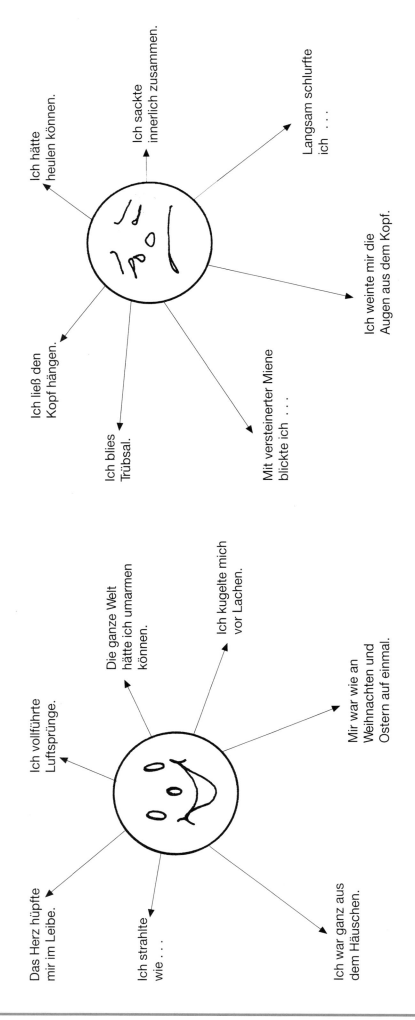

58 3. Wortschatz – facettenreich

3.4 Beschreibung von Gefühlen (Teil 1)

Didaktisch-methodische Hinweise

Der Klasse werden die vier Zeichnungen mit den runden Gesichtern vorgelegt. Die Schüler sollen in Gruppenarbeit für einen der vier Gesichtsausdrücke möglichst viele passende Redewendungen finden. Als Hilfe kann vom Lehrer vorgegeben werden, dass sich die Schüler jeweils vorstellen sollen, wie sich das im Gesicht widerspiegelnde Gefühl in der Körperhaltung, Gestik, Gesichtsfarbe oder Gangart der betreffenden Person niederschlagen kann.

Erläuterungen zur Präsentation

1. Wenn sich jemand freut, kann man das mit vielen Redewendungen beschreiben, welche unter anderem Vergleiche anstellen oder die Bewegung eines frohen Menschen schildern. (+ lachendes Gesicht und Pfeile)
2. Wenn jemand traurig ist, kann man das mit vielen Redewendungen beschreiben, welche unter anderem die Mimik oder Gestik der betreffenden Person schildern. (+ trauriges Gesicht und Pfeile)

3.5 Beschreibung von Gefühlen (Teil 2)

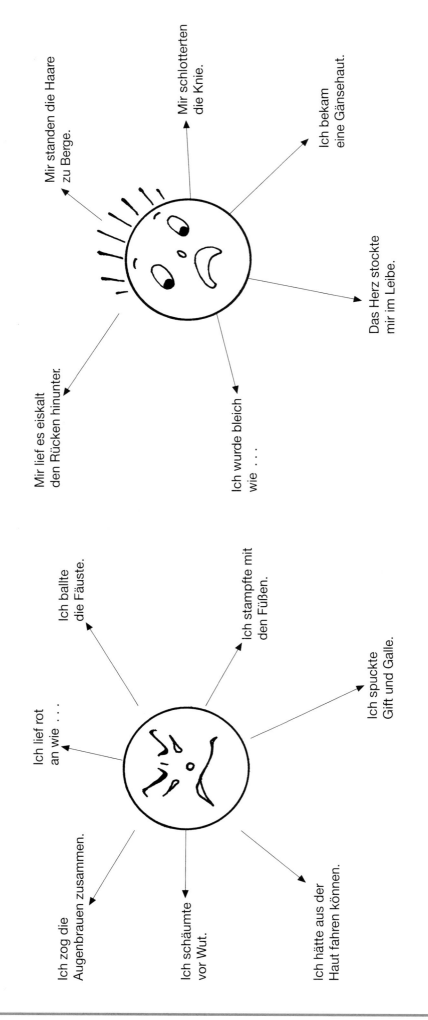

3.5 Beschreibung von Gefühlen (Teil 2)

Didaktisch-methodische Hinweise

Siehe 3.4 Beschreibung von Gefühlen (Teil 1), S. 59

Erläuterungen zur Präsentation

1. Wenn jemand wütend ist, kann man das mit vielen Redewendungen beschreiben, welche unter anderem Vergleiche beinhalten oder Gestik und Mimik der betreffenden Person schildern. (+ wütendes Gesicht und Pfeile)
2. Wenn jemand Angst hat, kann man das mit vielen Redewendungen beschreiben, welche unter anderem Vergleiche beinhalten oder Mimik und Gestik der betreffenden Person schildern. (+ ängstliches Gesicht und Pfeile)

3.6 Das Wortfeld „sprechen"

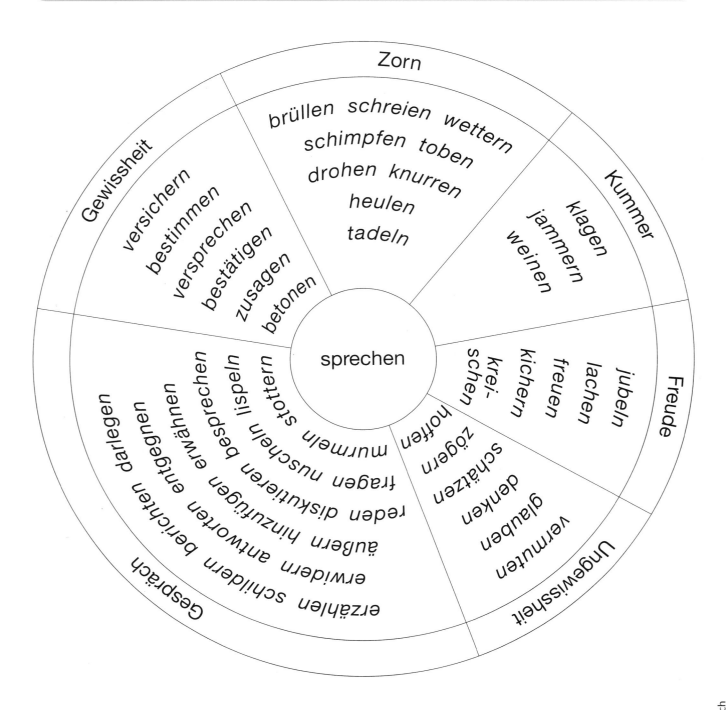

3.6 Das Wortfeld *„sprechen"*

Didaktisch-methodische Hinweise

Der Klasse wird ein Text (leicht selbst zu erstellen aus einem entsprechend abgeänderten Lesetext oder einem Schüleraufsatz) mit vielen wörtlichen Reden vorgelegt, wobei als Redeeinleitung ausschließlich das Verb *sagen* verwendet wird. Die von den Schülern festgestellten Mängel (Eintönigkeit, Ungenauigkeit) werden beseitigt, indem möglichst viele Ersatzverben genannt werden. Diese lassen sich in mehrere Kategorien (Gespräch, Gewissheit, Zorn, Kummer, Freude etc.) einteilen.

Erläuterungen zur Präsentation

1. Die Verben *sagen* und *sprechen* lassen sich bei der Wiedergabe eines Gesprächs durch viele genauere und anschaulichere Verben ersetzen. (+ Kreis in der Mitte und großes Segment *Gespräch* links unten)
2. Will man ausdrücken, dass jemand beim Sprechen sich seiner Sache sehr sicher ist, gibt es hierfür zahlreiche abwechslungsreiche Verben. (+ Segment *Gewissheit* links oben)
3. Wenn jemand zornig spricht, kann man hierfür zahlreiche anschauliche und genaue Verben finden. (+ Segment *Zorn* oben)
4. Wenn jemand beim Sprechen Kummer hat, kann man das mit einigen Verben ausdrücken. (+ Segment *Kummer* oben rechts)
5. Wenn jemand freudig spricht, lässt sich das mit einigen anschaulichen und genauen Verben beschreiben. (+ Segment *Freude* rechts)
6. Wenn sich jemand beim Sprechen nicht sicher ist, gibt es einige Verben, welche das abwechslungsreich zum Ausdruck bringen. (+ Segment *Ungewissheit* rechts unten)

3.7 Das Wortfeld „gehen"

gehen

- trampeln / trotten
- stolzieren / staksen / schreiten
- schleichen / huschen
- hüpfen
- krabbeln
- hüpfen / tippeln
- springen / rasen
- traben / rennen / sausen
- schleichen / pirschen
- kriechen / trödeln / sich schieben

3.7 Das Wortfeld „gehen"

Didaktisch-methodische Hinweise

Der Lehrer zeigt Fotos verschiedener Tiere (oder nennt einfach verschiedene Tiere) und fordert die Schüler auf, deren Bewegungen und Gangart mit passenden Verben zu beschreiben. Dies kann auch in arbeitsteiliger Partnerarbeit erfolgen, sodass jedes Schülerpaar Verben zu einem der Tiere sucht.

Erläuterungen zur Präsentation

1. Wie ein Pferd trabt, rennt oder saust er herbei.
2. Der Tiger schleicht oder pirscht an die Beute heran.
3. Der Junge trödelt oder kriecht wie eine Schnecke nach Hause.
4. Wie ein Elefant trampelt oder trottet der dicke Mann durch den Laden.
5. Wie eine Giraffe stolziert oder stakst oder schreitet die vornehme Dame durch den Ballsaal.
6. Wie ein Fuchs schleicht er sich durch das Gebüsch und huscht davon, als er entdeckt wird.
7. Wie eine Gemse hüpft das Kind über den steinigen Weg nach unten.
8. Wie ein Käfer krabbelt der Junge am Boden und sucht seine Brille.
9. Wie ein Vogel hüpft oder tippelt sie durch den Regen.
10. Wie eine Katze springt oder rast er auf seinen Gegner zu.

3.8 Das Wortfeld „Angst"

Entsetzen
Schauder
Schock
Panik
Schrecken
Furcht

— Angst —

Grausen
Bangen
Lampenfieber
Gruseln

weniger heftig
allmählich kommend
länger anhaltend

heftig
plötzlich kommend
schnell abklingend

3.8 Das Wortfeld „Angst"

Didaktisch-methodische Hinweise

Die Schüler sollen Situationen nennen und eventuell kurz schildern, in denen sie Angst empfunden haben. Dann werden Nomen gesucht, welche die unterschiedlichen Angstzustände bezeichnen können. Die gefundenen Nomen werden in zwei große Gruppen sortiert, je nachdem, ob sie eine plötzlich kommende und heftige, eventuell wieder schnell abklingende Angst zum Ausdruck bringen oder eine weniger heftige, allmählich kommende und anwachsende, dafür aber länger anhaltende. Als Hilfe können den Schülerinnen und Schülern auch Sätze angeboten werden, welche an der Stelle, an der das Wort aus dem Wortfeld *Angst* steht, eine Lücke enthalten. (vgl. hierzu die Sätze der PowerPoint-Präsentation!)

Erläuterungen zur Präsentation

1. Es gibt je nach Situation unterschiedliche Arten von Angst und dafür auch verschiedene Bezeichnungen.
2. Wegen des Wirbelsturms herrschte in weiten Teilen der Gegend das blanke _____ . (Entsetzen) (+ Strich)
3. Ein _____ (Schauder) überkam den Patienten, als er an seine bevorstehende Operation dachte. (+ Strich)
4. Der _____ (Schock) war groß, als die Frau vom Unfall ihres Sohnes erfuhr. (+ Strich)
5. Kurz nach Ausbruch des Feuers brach eine _____ (Panik) in der Schule aus. (+ Strich)
6. Mit _____ (Schrecken) dachte er an seinen grauenvollen Traum. (+ Strich)
7. Seine _____ (Furcht) vor dem vermeintlichen Gespenst nahm erst ab, als sein Freund das Leinentuch ablegte. (+ Strich)
8. Ihn überkam kaltes _____ (Grausen), als er den Teller mit den Schnecken vorgesetzt bekam. (+ Strich)
9. Das _____ (Bangen) der Schüler vor der schwierigen Prüfung war erheblich. (+ Strich)
10. Der Redner brachte vor _____ (Lampenfieber) erst kaum einen richtigen Satz heraus. (+ Strich)
11. _____ (Gruseln) überkam ihn, als er nachts über den Friedhof lief. (+ Strich)
12. Es gibt Wörter für eine heftige, plötzlich kommende und oft schnell abklingende Angst. (+ Kasten links unten)
13. Es gibt Wörter für eine weniger heftige, allmählich kommende und meist länger anhaltende Angst. (+ Kasten rechts unten)

3.9 Das Wortfeld „groß"

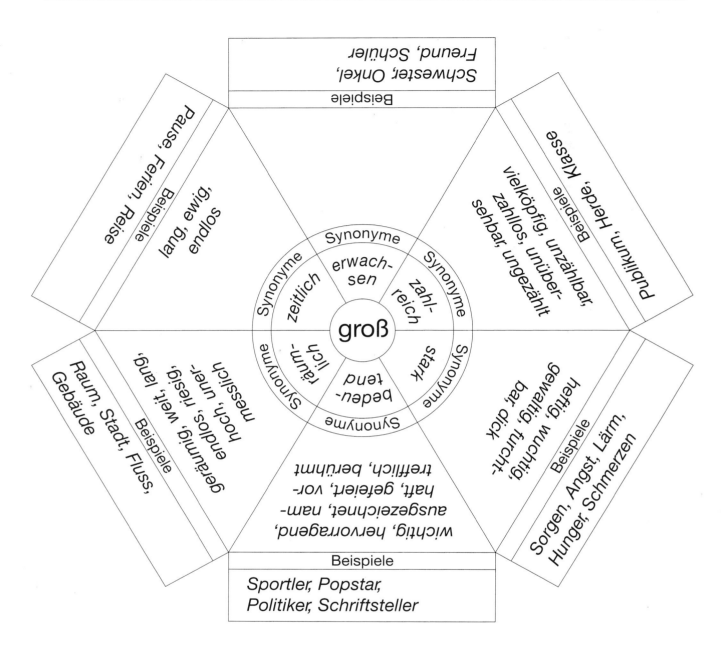

3.9 Das Wortfeld „groß"

Didaktisch-methodische Hinweise

Zunächst notiert der Lehrer das Adjektiv *groß* an der Tafel, worauf die Schüler sagen sollen, was alles *groß* sein kann. Zur abwechslungsreicheren und exakteren Beschreibung der genannten Dinge (Gebäude, Baum, Fluss etc.), Personen (Verwandte, Freunde, Prominente etc.), Gefühle (Sorgen, Angst, Freude etc.), Zeiträume (Pause, Ferien, Reise etc.) sollen jeweils Synonyme zu dem Adjektiv *groß* gesucht werden.

Erläuterungen zur Präsentation

1. Für das Adjektiv *groß* gibt es, je nachdem, worauf es sich bezieht, zahlreiche Synonyme. (+ Kreis Mitte)
2. Es gibt große Schriftsteller, Popstars, Politiker oder Sportler. Damit ist gemeint, dass diese bedeutend sind. (+ Segment unten)
3. Ein Raum, eine Stadt, ein Fluss, ein Gebäude etc. kann groß sein. Dies ist räumlich gemeint. (+ Segment unten links)
4. Es gibt die große Pause und die großen Ferien, während denen man eine große Reise machen kann. Dies ist zeitlich gemeint. (+ Segment oben links)
5. Mancher hat noch eine große Schwester, einen großen Onkel oder einen großen Freund, der bei den Hausaufgaben helfen kann. Damit wird das Alter der Person angesprochen. (+ Segment oben)
6. Man kann vor einem großen Publikum spielen, die Tiere gehören vielleicht einer großen Herde an, oder der Lehrer unterrichtet in einer großen Klasse. Dies ist auf die Anzahl bezogen. (+ Segment oben rechts)
7. Gefühle wie Sorgen, Angst, Schmerzen können sehr *groß* sein, auf einer Baustelle gibt es meist großen Lärm. Damit ist gemeint, dass diese Gefühle stark sind. (+ Segment unten rechts)
8–13. Für das Adjektiv *groß* können je nach Bedeutung Synonyme (Wörter mit gleicher oder ähnlicher Bedeutung) gefunden werden. (Synonyme erscheinen in jeweiligen Segmenten)

3. Wortschatz – facettenreich   69

3.10 Synonym, Homonym, Polysem und Antonym

Wortkörper	**Wortinhalt**		**Beispiel**
verschieden	gleich oder sehr ähnlich	SYNONYME	Bauer = Landwirt
gleich (zufällig)	verschieden	HOMONYME	Bank ⟨ Sitzgelegenheit / Geldinstitut
gleich (absichtlich) (übertragene Bedeutung!)	verschieden	POLYSEME	Birne ⟨ Frucht / Teil der Lampe
verschieden	gegensätzlich	ANTONYME	schön ⟷ hässlich

3.10 Synonym, Homonym, Polysem und Antonym

Didaktisch-methodische Hinweise

Der Lehrer schreibt folgenden Satz an die Tafel:
„Bauer Huber, ein reicher Landwirt aus einer armen Gegend, findet eine Birne auf der Bank."
Die Schüler sollen sich spontan dazu äußern und werden bald darauf kommen, dass *Birne* und *Bank* in ihrer Bedeutung nicht eindeutig sind, da eine Frucht oder ein Teil einer Lampe sowie ein Geldinstitut oder eine Sitzgelegenheit gemeint sein kann. Die Bezeichnungen „Homonyme" (zufällig gleicher Wortkörper, der sich aber orthografisch unterscheiden kann, mit unterschiedlichen Wortinhalten) und „Polyseme" (gleicher Wortkörper mit unterschiedlichen Wortinhalten, wobei ein Inhalt die Übertragung des anderen Inhalts darstellt).
Im Anschluss an die Frage, wo im Ausgangssatz das umgedrehte Phänomen, also zwei verschiedene Wortkörper mit gleichen (oder zumindest sehr ähnlichen) Wortinhalten vorkomme, wird für die Wörter *Bauer* und *Landwirt* der Terminus „Synonyme" eingeführt.

Auf die Frage, wer zwei Wörter des Satzes nennen könne, die im Wortkörper verschieden und im Wortinhalt gegensätzlich seien, werden die Schüler sicher schnell die Adjektive *reich* und *arm* nennen. Für diese wird als Fachbegriff „Antonyme" eingeführt.

Erläuterungen zur Präsentation

1. Der Wortkörper *Birne* ist doppeldeutig. (Wort mit Strichen und Bedeutungen)
2. Der Wortkörper *Bank* ist doppeldeutig. (Wort mit Strichen und Bedeutungen)
3. Die Wortinhalte sind in beiden Fällen verschieden.
4. Die Wortkörper sind in beiden Fällen gleich. Im Unterschied zu den Bedeutungen von *Birne*, die durch Übertragung der Form einer Glühbirne auf die Form einer Birne entstanden sind (gleiche Etymologie), ist der Wortkörper *Bank* (durch die lautliche Entwicklung unterschiedlicher etymologischer Herkunftswörter) zufällig der gleiche.
5. Um diesen Unterschied deutlich zu machen, spricht man von Polysemen und Homonymen.
6. Die Wortkörper von *Bauer* und *Landwirt* sind verschieden, ihr Wortinhalt ist aber nahezu identisch. (Wörter und = erscheinen)
7. Wörter mit gleicher oder sehr ähnlicher Bedeutung nennt man Synonyme.
8. Die Adjektive *reich* und *arm* haben nicht nur verschiedene Wortkörper, sondern auch entgegengesetzte Bedeutungen. (Wörter und Gegensatzpfeil)
9. Wörter mit entgegengesetzter Bedeutung nennt man Antonyme.

3.11 Bildhafte Ausdrucksweise am Beispiel der Fußball-Fachsprache

Durch bildhafte Sprache werden Fußball-Reportagen anschaulicher, farbiger, mitreißender, spannender.

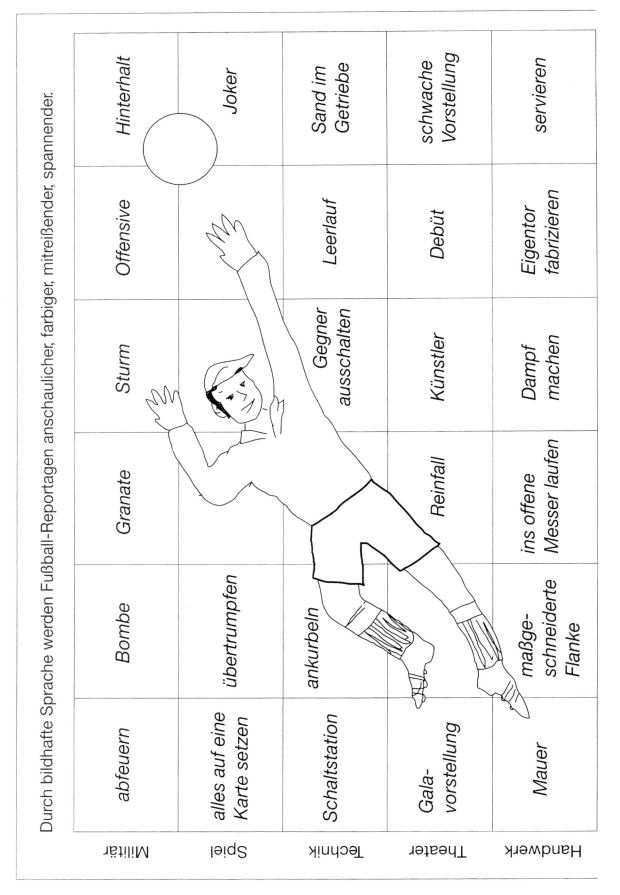

Militär	abfeuern	Bombe	Granate	Sturm	Offensive	Hinterhalt
Spiel	alles auf eine Karte setzen	übertrumpfen				Joker
Technik	Schaltstation	ankurbeln		Gegner ausschalten	Leerlauf	Sand im Getriebe
Theater	Gala-vorstellung		Reinfall	Künstler	Debüt	schwache Vorstellung
Handwerk	Mauer	maßge-schneiderte Flanke	ins offene Messer laufen	Dampf machen	Eigentor fabrizieren	servieren

Norbert Berger: Lebendige Tafelbilder Deutsch
© Auer Verlag GmbH, Donauwörth

3.11 Bildhafte Ausdrucksweise am Beispiel der Fußball-Fachsprache

Didaktisch-methodische Hinweise

Der Lehrer spielt der Klasse eine kurze, auf Band mitgeschnittene Sportreportage vor, in der einige bildhafte Ausdrücke (z. B. Bombe, Sturm, Offensive, Abwehrschlacht) vorkommen. Ein Bericht aus dem Sportteil der Zeitung kann ähnliche Dienste leisten. Oder er liest folgenden erfundenen Text vor:

„Nachdem lange Zeit viel Sand im Getriebe des Dortmunder Spielaufbaus war und das Team eine schwache Vorstellung ablieferte, setzte der Trainer des BVB mit der Einwechslung seines Jokers Klimowicz, der den Sturm ankurbeln sollte, alles auf eine Karte. Dieser bot eine Galavorstellung und wurde zur zentralen Schaltstation im Mittelfeld. Mit einem maßgeschneiderten Freistoß über die gegnerische Mauer hinweg servierte dieser Künstler den Ball dem Mittelstürmer Kuba, der eine Bombe auf das gegnerische Tor abfeuerte und den Ausgleich erzielte."

Die Untersuchung des Textes ergibt, dass durch bildhafte Sprache eine größere Anschaulichkeit, Spannung und Dramatik erreicht wird. Es wird erarbeitet, aus welchen Bereichen (Militär, Spiel, Technik, Theater, Handwerk) die verwendeten bildhaften Ausdrücke und Wendungen entnommen sind. Weitere Beispiele aus diesen Bereichen können schließlich von den Schülern gesucht werden.

Erläuterungen zur Präsentation

1. Wozu dient die bildhafte Ausdrucksweise?
2. *abfeuern* und *Bombe* etc. sind Wörter aus dem militärischen Bereich.
3. *alles auf eine Karte setzen* und *Joker* etc. sind Wörter aus dem Wortfeld Spiel.
4. *Schaltstation, ankurbeln* und *Sand im Getriebe* etc. sind Wörter aus dem technischen Bereich.
5. *Galavorstellung, Künstler* und *schwache Vorstellung* etc. stammen aus dem Wortfeld Theater.
6. *Mauer, maßgeschneidert* und *servieren* etc. sind Wörter aus dem handwerklichen Bereich.

4.1 Wie der Höhepunkt eines Erlebnisaufsatzes nicht aussehen sollte

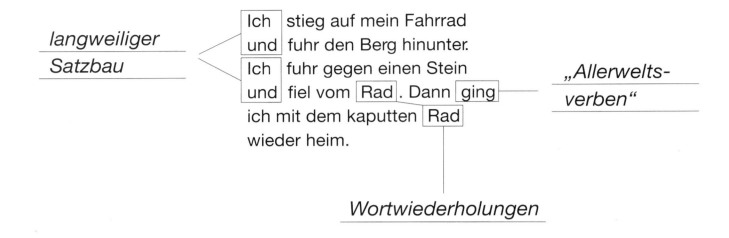

Langweiliger Satzbau, Wortwiederholungen und ungenaue „Allerweltsverben" gestalten den Aufsatz trocken und eintönig.

4.1 Wie der Höhepunkt eines Erlebnisaufsatzes nicht aussehen sollte

Didaktisch-methodische Hinweise

Die Schüler erzählen zu Beginn der Stunde Erlebnisse zum Thema „Wie ich einmal einen Fahrradunfall hatte". Dann wird der Klasse der folgende Text als Höhepunkt eines schriftlichen Erlebnisaufsatzes zu diesem Thema vorgestellt:
Ich stieg auf mein Fahrrad und fuhr den Berg hinunter. Ich fuhr gegen einen Stein und fiel vom Rad. Dann ging ich mit dem kaputten Rad wieder heim.
Fordern Sie Ihre Klasse dazu auf, Kritik zu üben: langweiliger Satzbau, Allerweltsverben, Wortwiederholungen, fehlende Spannung, fehlende wörtliche Reden, fehlende innere Handlung etc. sollten genannt werden.

Erläuterungen zur Präsentation

1. Die Sätze beginnen mit dem gleichen Pronomen und sind gleich gebaut (mit *und* verbundene Satzreihen), was langweilig auf den Leser wirkt. (langweiliger Satzbau + Kästen und Striche)
2. Es wird das gleiche Nomen wiederholt, was langweilig auf den Leser wirkt. (Wortwiederholungen + Kästen und Striche)
3. *gehen* ist ein häufig gebrauchtes, aber sehr ungenaues, wenig anschauliches Verb. (Allerweltsverben + Kasten und Strich)
4. Wie wirkt dieser Höhepunkt eines Erlebnisaufsatzes auf den Leser?

4.2 Wie der Höhepunkt eines Erlebnisaufsatzes aussehen sollte

Andeutung

Ahnungslos, was mir passieren sollte, stieg ich **gut gelaunt** auf mein Rad, und schon rollte ich **wie ein Rennfahrer** bergab. **Hui!** **Das war ein Spaß**. Doch plötzlich **prallt** mein Vorderrad gegen einen Stein. **Wie ein Torpedo** werde ich über den Lenker geschleudert und mein **Gefährt** fällt **scheppernd** auf den Straßenbelag. **So ein Pech!** **Mit schmerzverzerrtem Gesicht** erhebe ich mich und erblicke das **verbeulte** Vorderrad. „Das schöne Geschenk", schießt es mir durch den Kopf, „damit kann man gar nicht mehr fahren." „Dass ich aber auch nicht besser aufgepasst habe!", schimpfe ich **ärgerlich** mit mir selbst. Dann hob ich den **Drahtesel** auf und schob ihn **traurig** heim.

Linke Beschriftungen (von oben nach unten):
- Gefühle
- Ausruf
- Wechsel ins Präsens
- abwechslungsreiche Wortwahl
- beschreibendes Adjektiv
- wörtliche Rede
- abwechslungsreiche Wortwahl

Rechte Beschriftungen (von oben nach unten):
- Vergleiche
- Geräusch
- Ausruf
- Mimik
- Gedanke
- Gefühle

! *Ausrufe, Vergleiche, beschreibende Adjektive, Schilderungen von Gefühlen und Gedanken, wörtliche Reden, abwechslungsreiche Wortwahl, Einbeziehung der Mimik und der Geräusche gestalten den Aufsatz lebendig und anschaulich.* **!**

4.2 Wie der Höhepunkt eines Erlebnisaufsatzes aussehen sollte

Didaktisch-methodische Hinweise

Nach der Kritik des Höhepunkts (Tafelbild „Wie der Höhepunkt eines Erlebnisaufsatzes nicht aussehen sollte") aus der Klasse (langweiliger Satzbau, Allerweltsverben, Wortwiederholungen, fehlende Spannung, fehlende wörtliche Reden, fehlende innere Handlung etc.) wird nun eine deutlich verbesserte Fassung des Höhepunktes vorgestellt, wobei die gelungenen und verbesserten Passagen entsprechend beschriftet werden sollen.

Erläuterungen zur Präsentation

1. Wenn man in der Einleitung bereits vorsichtig andeutet, was im Hauptteil passieren wird (aber keine zu genauen Angaben und vor allem nicht das Ende verraten!), erzeugt man beim Leser Spannung, weil dieser erfahren will, was denn genau geschehen ist und wie es ausgegangen ist. (Andeutung + Kasten und Strich)
2. Neben der äußeren Handlung sollte auch die innere Handlung berücksichtigt werden, man sollte schreiben, was in den Personen vorgeht, was sie fühlen, damit der Leser mit den Personen mitfühlen kann. (2x Gefühle + Kästen und Striche)
3. Schöne Vergleiche gestalten die Geschichte anschaulicher, sodass sich der Leser das Geschehen besser vorstellen kann. (Vergleiche + Kästen und Striche)
4. Ausrufe machen den Text lebendiger und verraten etwas über die Gefühle der Personen. (2x Ausruf + Kästen und Striche)
5. Im Höhepunkt darf man ins Präsens wechseln, um das Ereignis näher an den Leser heranzurücken, der dadurch fast den Eindruck erhält, er sei gerade dabei. (Wechsel ins Präsens + Kasten und Strich)
6. Eine abwechslungsreiche Wortwahl vermeidet Langeweile beim Lesen. (2x abwechslungsreiche Wortwahl + Kästen und Striche)
7. Schildert man auch die Geräusche, wird die Geschichte anschaulicher. (Geräusch + Kasten und Strich)
8. Schildert man die Mimik der beteiligten Personen, kann sich der Leser das Geschehen besser vorstellen und erfährt etwas über deren Gefühle. (Mimik + Kasten und Strich)
9. Manche Nomen werden durch beschreibende Adjektive anschaulicher. (beschreibendes Adjektiv + Kasten und Strich)
10. Auch durch Wiedergabe von Gedanken wird die innere Handlung einbezogen, sodass sich der Leser in die Personen hineindenken kann. (Gedanke + Kasten und Strich)
11. Wörtliche Reden gestalten einen Erlebnisaufsatz lebendiger. (wörtliche Rede + Kasten und Strich)
12. Wie wirkt die neue Fassung des Aufsatzes auf den Leser?

4.3 Der Bericht

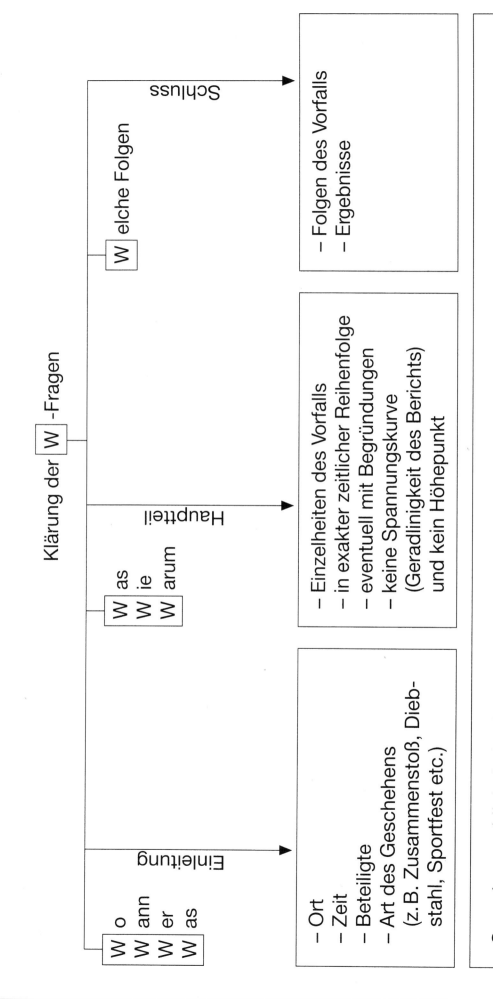

4.3 Der Bericht

Didaktisch-methodische Hinweise

Der Klasse wird ein möglichst aktueller Zeitungsbericht von einem Unfall oder einem Verbrechen vorgelegt. Die Schüler sollen in Stillarbeit zunächst alle Informationen unterstreichen und dann diesen die jeweiligen Fragen, welche der Journalist eventuell den Beteiligten gestellt hat, zuordnen. Schließlich lassen sich anhand des Berichts auch dessen Aufbau (Einleitung mit Nennung des Ortes, der Zeit und der Beteiligten, Hauptteil mit Erläuterung des genauen Hergangs und seiner Ursachen, Schluss mit Nennung der Folgen) und sprachliche Gestaltung (sachlich, knapp, genau, klar, keine innere Handlung, keine wörtlichen Reden, Präteritum) erarbeiten.

Erläuterungen zur Präsentation

1. Ein Bericht muss möglichst exakt und informativ sein, wozu die Beantwortung der W-Fragen nötig ist.
2. Informationen über Ort, Zeit, beteiligte Personen und die Art des Geschehens sollten möglichst schon in der **Einleitung** gegeben werden. (+ Pfeil, Kasten)
3. Die Details (Was, Wie, Warum) müssen in exakter zeitlicher Reihenfolge ohne Verzögerungen oder Abschweifungen im **Hauptteil** angeführt werden. Teilweise müssen Gründe für bestimmte Ereignisse geliefert werden. (+ Pfeil, Kasten)
4. Die Folgen des Vorfalls oder seine Ergebnisse werden am besten im **Schluss** des Berichts erläutert. (+ Pfeil, Kasten)
5. Worauf muss ein Bericht, der keine spannende Unterhaltung bieten darf, verzichten? Was muss er beinhalten? (+ Kasten unten)

4.4 Der äußere Aufbau des sachlichen Briefs

Absender

Adresse des Empfängers

Ort und Datum

Aktenzeichen – Datum des zuletzt erhaltenen Briefs

Betreff (= Anliegen des vorliegenden Briefs)

Anrede

Brieftext

Grußformel

Unterschrift

Anlagen

4.4 Der äußere Aufbau des sachlichen Briefs

Didaktisch-methodische Hinweise

Der Lehrer projiziert einen sachlichen Brief mittels einer Folie/Beamer an die Wand. Nachdem kurz über den Inhalt gesprochen wurde, erkennen und beschreiben die Schüler den formalen Aufbau des Schreibens.

Erläuterungen zur Präsentation

1. Der Briefkopf enthält den Absender, eventuell auch das Logo der Firma bzw. der Behörde. (+ Kasten)
2. Darunter muss die Adresse des Empfängers stehen, die bei Verwendung von Briefumschlägen mit Sichtfenstern nach dem Falten des Briefpapiers dort erscheinen muss. (+ Kasten)
3. Ort und Datum stehen rechtsbündig. (+ Kasten)
4. Falls vorhanden, sollte man das Aktenzeichen des Vorgangs und/oder das Datum des zuletzt erhaltenen Briefes angeben. (+ gestrichelter Kasten)
5. Damit das Schreiben von der richtigen Person und zum geeigneten Zeitpunkt bearbeitet werden kann, gibt man in knapper Form sein Anliegen an. (+ Kasten)
6. Die Anrede lautet in der Regel *Sehr geehrte Damen und Herren,* da man meist nicht weiß, wer und wie viele Personen das Schreiben zu Gesicht bekommen. Kennt man den Namen des Empfängers, lautet die Anrede *Sehr geehrter Herr + Name/Sehr geehrte Frau + Name.* (+ Kasten)
7. Der eigentliche Brieftext ist klar, höflich und sachlich formuliert. Er enthält sinnvolle und deutliche Absätze (meist durch Freilassung einer Zeile noch hervorgehoben). (+ Kasten)
8. Die Grußformel lautet üblicherweise *Mit freundlichen Grüßen.* (+ Kasten)
9. Die Unterschrift erfolgt eigenhändig, nur bei großen Unternehmen kann sie maschinell erstellt werden. (+ Kasten)
10. Liegen dem Schreiben Anlagen bei (Rechnungen, Fotos, Prospekte etc.), werden diese ganz unten aufgelistet. (+ gestrichelter Kasten)

4.5 Die Inhaltsangabe zu einem poetischen Text

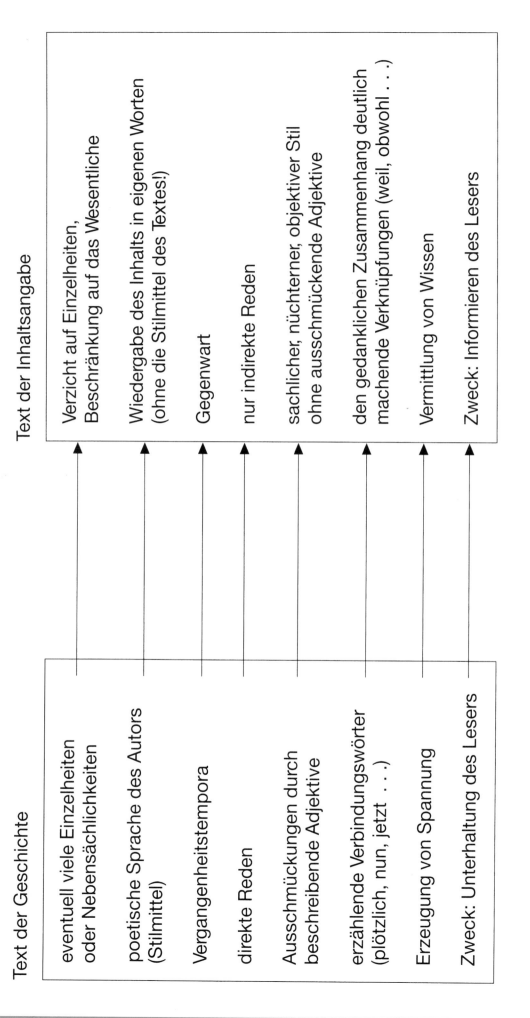

Text der Geschichte	Text der Inhaltsangabe
eventuell viele Einzelheiten oder Nebensächlichkeiten	Verzicht auf Einzelheiten, Beschränkung auf das Wesentliche
poetische Sprache des Autors (Stilmittel)	Wiedergabe des Inhalts in eigenen Worten (ohne die Stilmittel des Textes!)
Vergangenheitstempora	Gegenwart
direkte Reden	nur indirekte Reden
Ausschmückungen durch beschreibende Adjektive	sachlicher, nüchterner, objektiver Stil ohne ausschmückende Adjektive
erzählende Verbindungswörter (plötzlich, nun, jetzt ...)	den gedanklichen Zusammenhang deutlich machende Verknüpfungen (weil, obwohl ...)
Erzeugung von Spannung	Vermittlung von Wissen
Zweck: Unterhaltung des Lesers	Zweck: Informieren des Lesers

4.5 Die Inhaltsangabe zu einem poetischen Text

Didaktisch-methodische Hinweise

Nach der Lektüre einer Kurzgeschichte wird der Klasse der Text einer sehr guten, dazu (vom Lehrer am besten selbst!) verfassten Zusammenfassung vorgelegt. Während des mündlichen Vergleichs von Original und Inhaltsangabe werden die wesentlichen Unterschiede im Tafelbild festgehalten.

Erläuterungen zur Präsentation

1.–2. Der Originaltext und der Text der Inhaltsangabe unterscheiden sich nicht nur in der unterschiedlichen Länge voneinander.
3.–4. Die Inhaltsangabe beschränkt sich auf das Wesentliche. (+ Pfeil)
5.–6. Die Inhaltsangabe verzichtet auf die poetische Sprache des Originals. (+ Pfeil)
7.–8. Die Inhaltsangabe erzählt nicht Vergangenes, sondern gilt zu allen Zeiten und steht deshalb im Präsens. (+ Pfeil)
9.–10. Die Inhaltsangabe benötigt keine Lebendigkeit und enthält deshalb indirekte an der Stelle von direkten Reden. (+ Pfeil)
11.–12. Die Inhaltsangabe ist sachlich formuliert und benötigt deshalb keine rein ausschmückenden Adjektive. (+ Pfeil)
13.–14. Neben der zeitlichen Reihenfolge der Ereignisse sind die Gründe und die Folgen bestimmter Geschehnisse sehr wichtig. (+ Pfeil)
15.–16. Die Inhaltsangabe soll keine Spannung erzeugen, sondern dem Leser Wissen über den Text vermitteln. (+ Pfeil)
17.–18. Die Inhaltsangabe soll den Leser nicht unterhalten, sondern informieren. (+ Pfeil)

4.6 Die literarische Charakteristik

Einleitung

z. B. Bedeutung der Person für das literarische Werk (Hauptfigur, Gegenspieler der Hauptfigur, Nebenfigur u. a.)
Bedeutung der Person vor dem historischen Hintergrund
Aussehen der Person, soweit es aus dem Text ersichtlich ist

Hauptteil

Leitende (gliedernde) Gesichtspunkte können sein:

- Licht- und Schattenseiten der Person
- Entwicklung der Person im Verlauf der Handlung
- Verhältnis der Person zu Familie, Beruf, Volk, Gott
- Die Person im Urteil ihrer Freunde und Feinde
- Die Ursachen der Wesenszüge (Erbgut, Erziehung, Umwelt)

Textbelege

Schluss

z. B. Zusammenfassung der Ergebnisse in einem Gesamturteil
Hinweis auf Zeitlosigkeit oder Zeitgebundenheit der Person
Abgrenzung der Person von anderen Figuren des Werks (Parallel-, Kontrastfiguren)
Vergleich der Person mit einer Figur eines anderen Werks

4.6 Die literarische Charakteristik

Didaktisch-methodische Hinweise

Nach der sich immer über mehrere Unterrichtsstunden erstreckenden Lektüre und Behandlung einer Ganzschrift (Roman, Novelle oder Drama) erfolgt ein Unterrichtsgespräch über die interessantesten Personen des Buches. Daraufhin wird besprochen, wie die Eigenschaften einer literarischen Figur im Rahmen einer schriftlichen Charakteristik angeordnet werden könnten. Je nach Person werden unterschiedliche Gliederungen vorgeschlagen: zum Beispiel Licht- und Schattenseiten der Figur, frühere und später auftretende Eigenschaften (Entwicklung des Helden), Verhältnis der Person zu anderen Personen (Familie, Beruf, Freunde etc.), unterschiedliche Ursachen der Wesenszüge (vererbte, anerzogene, von der Umwelt beeinflusste Merkmale).

Auf die Frage, wie die behaupteten Wesenszüge der Figur nachgewiesen werden können, erkennen die Schüler die Wichtigkeit von direkt oder indirekt zitierten Textpassagen zur Untermauerung und Veranschaulichung der Charakteristik. Anschließend werden verschiedene Möglichkeiten besprochen, um in einer Einleitung das Interesse des Lesers für die Charakteristik zu wecken (Bedeutung der Figur für das literarische Werk, historischer Hintergrund, Aussehen der Person etc.). Schließlich werden verschiedene Vorschläge zur Gestaltung des Schlusses erarbeitet: Zusammenfassung zu Gesamturteil, Hinweis auf Zeitgebundenheit oder Zeitlosigkeit der literarischen Figur, Abgrenzung von anderen Personen des Werks (Parallel- oder Kontrastfiguren), Vergleich mit der Figur eines anderen Werks (desselben oder eines anderen Autors) etc.

Erläuterungen zur Präsentation

1. Die Charaktermerkmale der literarischen Figur sollten in einer durchdachten Reihenfolge und übergeordneten Gesichtspunkten folgend dargelegt werden. (+ Kasten Mitte)
2. Aussagen zu Charaktermerkmalen einer Figur stellen Behauptungen dar, die unbedingt durch geeignete Textstellen belegt und veranschaulicht werden müssen. (Textbelege + Pfeile links und rechts)
3. Die Einleitung soll zur eigentlichen Charakteristik des Hauptteils hinführen und das Interesse des Lesers wecken. Zur Wahl stehen mehrere Möglichkeiten, die Einleitung zu gestalten. (+ Kasten oben)
4. Der Schluss soll die Charakteristik abrunden und den Leser eventuell sogar zum Weiterdenken veranlassen. Zur Wahl stehen mehrere Möglichkeiten, den Schluss zu gestalten. (+ Kasten unten)

4.7 Das Protokoll

Gericht
Bundestag
Vereinsversammlung
Konferenz
etc.

Verlauf und (oder)
Ergebnisse festgehalten

klare und verständliche Formulierung

im

PROTOKOLL

klare, überschaubare Gliederung

Beschränkung auf das Wesentliche

sachlicher, objektiver Stil

eventuell Ausräumen

von Meinungsverschiedenheiten
Missverständnissen
Unklarheiten

Nähe zur Inhaltsangabe

Nähe zum Bericht

4.8 Die steigernde (lineare) und die dialektische Erörterung

Sachfrage	Themenbereich	Problemfrage
Warum wünschen sich so viele Jugendliche ein eigenes Motorrad?	Moped/Motorrad	Sollten bereits 14-Jährige nach einer Prüfung Motorrad fahren dürfen?
Welche Aufgaben sollte eine gute Tageszeitung erfüllen?	Zeitung	Sollte die Zeitungslektüre als Schulfach eingeführt werden?
Wie kann der steigende Drogenkonsum Jugendlicher eingedämmt werden?	Drogen	Sollten Drogenhändler mit lebenslanger Gefängnisstrafe für ihr Verbrechen büßen?
Wozu können die Olympischen Spiele ihren Beitrag leisten?	Olympiade	Haben die Olympischen Spiele in der heutigen Zeit ihren Sinn verloren?

steigernd (linear) ◄──── ERÖRTERUNG ────► dialektisch

4.7 Das Protokoll

Didaktisch-methodische Hinweise

Zunächst nennen die Schüler Gelegenheiten und Orte, bei denen Protokolle verfasst werden (Gericht, Bundestag, Vereinsversammlungen, Konferenzen etc.). Danach wird geklärt, warum Verlauf und Ergebnisse solcher Veranstaltungen oder Sitzungen festgehalten werden müssen (Ausräumen von Unklarheiten, Meinungsverschiedenheiten, Missverständnissen etc.). Schließlich wird erarbeitet, wie ein Protokoll inhaltlich und sprachlich beschaffen sein muss, um den genannten Zwecken zu dienen. Dabei wird auch die Verwandtschaft des Protokolls zu Inhaltsangaben (Beschränkung auf das Wesentliche, klare Formulierung) und Berichten (sachlicher und objektiver Stil, Verzicht auf eigene Meinung) erkannt.

Erläuterungen zur Präsentation

1. Anlässe und Orte, welche ein Protokoll erfordern.
2. Verlauf und/oder Ergebnisse einer Sitzung, Versammlung etc. werden im Protokoll festgehalten. (+ senkrechter Pfeil oben)
3. Dadurch können eventuell später auftauchende Missverständnisse, Meinungsverschiedenheiten oder Unklarheiten beseitigt werden. Personen, die gefehlt haben, können sich über den Ablauf und die Ergebnisse der Sitzung informieren. (+ senkrechter Pfeil unten)
4. Um seinen Zweck zu erfüllen, muss ein Protokoll klar und verständlich formuliert und übersichtlich gegliedert sein. (+ Pfeile links)
5. Außerdem muss es sich auf das Wesentliche beschränken und sprachlich sehr sachlich und objektiv gehalten sein. (+ Pfeile rechts)
6. Welche anderen bereits bekannten Aufsatz (Text-)arten müssen diesen Anforderungen ebenfalls genügen? (Nähe zur Inhaltsangabe/zum Bericht + Klammern links und rechts)

4.8 Die steigernde (lineare) und die dialektische Erörterung

Didaktisch-methodische Hinweise

Die Schüler machen Vorschläge zu Themenbereichen, welche interessant genug sind, um schriftlich erörtert zu werden. Hierzu können im Folgenden auch konkrete Sach- und Wortfragen bzw. Problem- und Entscheidungsfragen formuliert werden. Im Anschluss daran kann erarbeitet werden, dass die gestellten Fragen, je nachdem, ob zu der Fragestellung Gründe, Aufgaben, Maßnahmen, Zwecke etc. bzw. Vor- und Nachteile oder Argumente und Gegenargumente auf der Hand liegen, im Rahmen einer steigernden (linearen) bzw. dialektischen Erörterung zu behandeln sind.

Erläuterungen zur Präsentation

1. Es gibt viele interessante und/oder umstrittene Themenbereiche, für welche es sich lohnt, sich darüber Gedanken zu machen und diese schriftlich niederzulegen. (Themenbereiche in mittlerer Spalte erscheinen)
2. Das Nachdenken über ein Thema kann in Form einer Sachfrage (Suche nach Ursachen, Folgen, Lösungen etc.) oder einer Problemfrage (Fällen einer Entscheidung) erfolgen.
3. Überlegt euch zu den Bereichen Themen mit beiden Fragestellungen! (Themen links und rechts erscheinen)
4. In einer Erörterung wird ein Thema je nach der Fragestellung entweder steigernd (linear) oder dialektisch behandelt. (+ Pfeile)

4.9 Vorarbeiten zu einer Erörterung (steigernde/lineare Form)

Thema: Was sind die Ursachen für den Drogenkonsum Jugendlicher?

Stoffsammlung

1. Fehlen eines (befriedigenden) Arbeitsplatzes
2. mangelnde Autorität der Eltern
3. Neugier
4. hohe Anforderungen in der Schule
5. großes Angebot an alkoholischen Getränken und Zigaretten
6. Misserfolge in Schule oder Beruf
7. mangelndes Verständnis der Eltern
8. Langeweile
9. schlechter Einfluss im Freundeskreis
10. verlockende Werbung für Alkohol und Zigaretten
11. Gruppenzwang
12. Angabe
13. negative Vorbilder der Eltern
14. Probleme mit dem Freund/ der Freundin (Liebeskummer)
15. Kriminalität
16. schwierige Familienverhältnisse
17. Komplexe
18. mangelnde Fürsorge

Stoffordnung

Ursachen in der Familie: 2, 7, 13, 16, 18

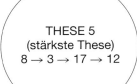
THESE 4
2 → 7 → 18 → 13 → 16

psychische Ursachen: 3, 8, 12, 17

THESE 5 (stärkste These)
8 → 3 → 17 → 12

Ursachen im Freundeskreis: 9, 11, 14

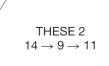
THESE 2
14 → 9 → 11

Ursachen im Schul- und Berufsleben: 1, 4, 6

THESE 3
4 → 6 → 1

wirtschaftliche Ursachen: 5, 10

THESE 1 (schwächste These)
5 → 10

Einleitung Schluss: 15

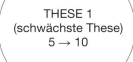

4.9 Vorarbeiten zu einer Erörterung (steigernde/lineare Form)

Didaktisch-methodische Hinweise

Der Klasse wird eine Erörterungsfrage zu einem die Schüler interessierenden Problem gestellt. Die Beiträge, Argumente, Meinungen werden als Stoffsammlung in nummerierten Stichpunkten, aber noch völlig ungeordnet an der Tafel festgehalten. Anschließend sollen die Schüler zusammengehörige Aspekte mit unterschiedlichen Farben markieren. Nach dem Finden und Formulieren der passenden Oberpunkte werden die dazu passenden Nummern der Aspekte notiert. Dann wird im Unterrichtsgespräch darüber diskutiert, in welcher Reihenfolge die gefundenen Überpunkte (Thesen) und innerhalb dieser die einzelnen Aspekte (Argumente) angeordnet werden müssen. Einigkeit sollte darüber herrschen, dass grundsätzlich die schwächsten Thesen und Argumente zu Beginn, die stärksten am Ende stehen sollten. Dass die Entscheidung, welche Thesen, Aspekte oder Argumente eher schwach bzw. eher stark sind, in gewissem Maße recht subjektiv ist und es deshalb keine für alle verbindliche Reihenfolge geben kann, sollte aber herausgestellt werden.

Erläuterungen zur Präsentation

1. In der Stoffsammlung („Brainstorming") wird alles noch völlig ungeordnet notiert, was einem zur Fragestellung einfällt. Mithilfe von W-Fragen, die an die Schlüsselbegriffe des Themas gestellt werden (z. B.: *Welche Jugendlichen nehmen Drogen? Wo werden Drogen konsumiert? Wann greifen Jugendliche zu Drogen? Wie gelangen sie an die Drogen?* etc.), lässt sich eine Stoffsammlung leichter und umfassender erstellen.
(Ursachen der linken Spalte erscheinen nacheinander)
2. Die gefundenen Aspekte (steigernde Erörterung) oder Argumente (dialektische Erörterung) werden inhaltlich so geordnet, dass inhaltlich Zusammengehöriges unter dem gleichen Oberbegriff (bei dialektischen Themen: Argumente für …/Argumente gegen …) steht. (+ Kästen in der Mitte mit Ziffern)
3. Die Überpunkte der steigernden Erörterung werden so angeordnet, dass die schwächste These am Anfang steht, auf welche nach und nach immer gewichtigere Thesen bis hin zur stärksten, die am Ende geliefert wird, folgen. Gleiches gilt für die dazugehörigen Unterpunkte. In der dialektischen Erörterung steht diejenige der beiden Thesen, welche der Schreiber letztendlich für die überzeugendere hält, nach der anderen, für ihn weniger haltbaren These. Innerhalb von These und Antithese sollten die Argumente so angeordnet sein, dass die stärkeren auf die schwächeren folgen. (+ Kreise rechts)

4.10 Der Aufbau des Hauptteils einer Erörterung in dialektischer Form

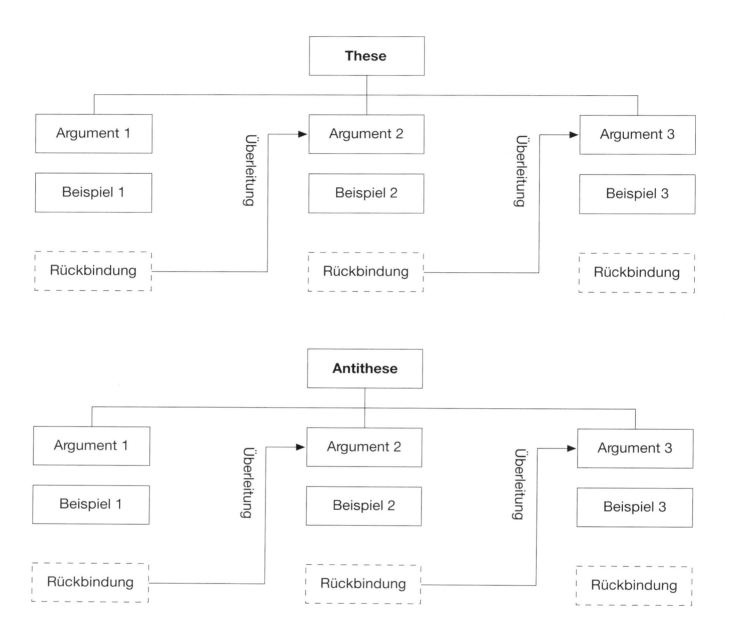

4.10 Der Aufbau des Hauptteils einer Erörterung in dialektischer Form

Didaktisch-methodische Hinweise

Am Beispiel der gemeinsam im Unterricht erarbeiteten schriftlichen Ausformulierung einer These aus einer dialektischen Erörterung wird deren Aufbau besprochen. Als Merkhilfe kann darauf hingewiesen werden, dass alle Teile mit B beginnen: Behauptung (These), Begründung (Argument), Beispiel, Beleg oder Beweis (als Veranschaulichung und Untermauerung des Arguments), Bezug (erneuter, als Erinnerung dienender abschließender Hinweis auf das Argument, welches durch das Beispiel oder den Beleg bewiesen werden soll).

Erläuterungen zur Präsentation

1. In der These wird eine Behauptung aufgestellt. (+ Kasten oben Mitte)
2. Die Behauptung wird durch ein Argument (Begründung) begründet. (+ Strich, Kasten)
3. Die Begründung wird durch ein Beispiel (z. B. aus dem eigenen Erfahrungsbereich oder aus den Medien) oder einen Beleg (z. B. Statistik) oder einen Beweis (z. B. Aussage einer kompetenten Autorität) untermauert und veranschaulicht. (+ Kasten)
4. Damit der Leser am Ende nicht aus den Augen verliert, wozu das Beispiel bzw. der Beleg oder Beweis dient, wird an das dazugehörige Argument erinnert (Rückbindung). (+ gestrichelter Kasten)
5. Um dem Leser den logischen Gedankengang der Erörterung klarzumachen, erfolgt eine knappe Überleitung zum folgenden Argument. (+ Treppenpfeil nach oben)
6.–9. vgl. 2.–5.
10.–12. vgl. 2.–4.
13. In der Antithese wird eine Gegenbehauptung aufgestellt. Diese sollte der Meinung des Verfassers letztendlich näherkommen und somit den Leser mehr überzeugen als die These.
14.–24. vgl. 2.–12.

4.11 Textanalyse einer Kurzgeschichte

Einleitung: Informationen über den Autor und evtl. die Entstehungszeit der Geschichte

Hauptteil:

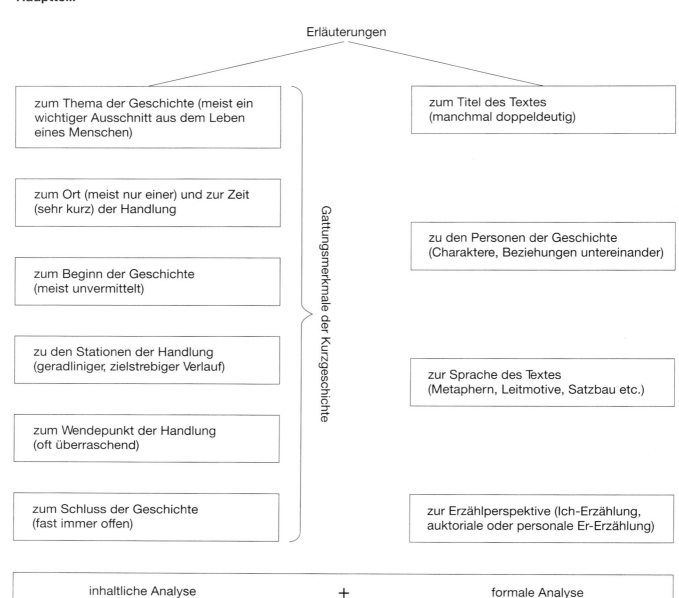

Schluss: Intention des Verfassers oder eigene Wertung

4.11 Textanalyse einer Kurzgeschichte

Didaktisch-methodische Hinweise

Nach der Lektüre einer Kurzgeschichte erhalten einige Schüler Gelegenheit, sich spontan zu äußern. An der Tafel werden die Bereiche notiert, zu denen Aussagen getroffen wurden: Titel, Thema, Ort, Beginn, Verlauf, Wendepunkt, Schluss, Personen, Sprache, Erzählperspektive. Je zwei oder drei Schüler sollen sich nun einen dieser Bereiche aussuchen und sich in Partnerarbeit oder in der Kleingruppe über die bereits gemachten Spontanäußerungen hinaus zum Text und seinen inhaltlichen oder formalen Elementen austauschen. Die Ergebnisse dieser „literarischen Gespräche" werden im Plenum knapp vorgestellt. Schließlich wird noch erarbeitet, wie die Einleitung (z. B. Informationen über Autor und Entstehungszeit) und der Schluss (z. B. Intention des Verfassers oder eigene Wertung) einer schriftlichen Textanalyse gestaltet werden können.

Erläuterungen zur Präsentation

1. Der Hauptteil der Textanalyse beinhaltet wesentliche Aussagen/Erkenntnisse zu Verlauf, Personen und Form der Kurzgeschichte. (+ Striche)
2. Was sind die Merkmale der Kurzgeschichte, die analysiert werden können/müssen? (+ Kästen links, Klammer)
3. Was muss noch bei der Analyse berücksichtigt werden? (+ Kästen rechts)
4. Die inhaltliche und die formale Analyse der Kurzgeschichte ergänzen sich. Inhaltliche Besonderheiten schlagen sich in der Regel in bewusst eingesetzten sprachlich-formalen Mitteln nieder. (+ Kasten unten)
5. Die Einleitung soll zur Analyse der Geschichte hinführen und das Interesse des Lesers wecken, eventuell diesem auch das nötige Hintergrundwissen zum Verständnis des Textes liefern.
6. Der Schluss soll die Textanalyse abrunden, indem die Intention des Verfassers der Kurzgeschichte (falls nicht bereits im Hauptteil erfolgt) dargelegt wird oder der Schreiber der Analyse eine persönliche Wertung zur Kurzgeschichte abgibt.

4.12 Textanalyse einer Glosse

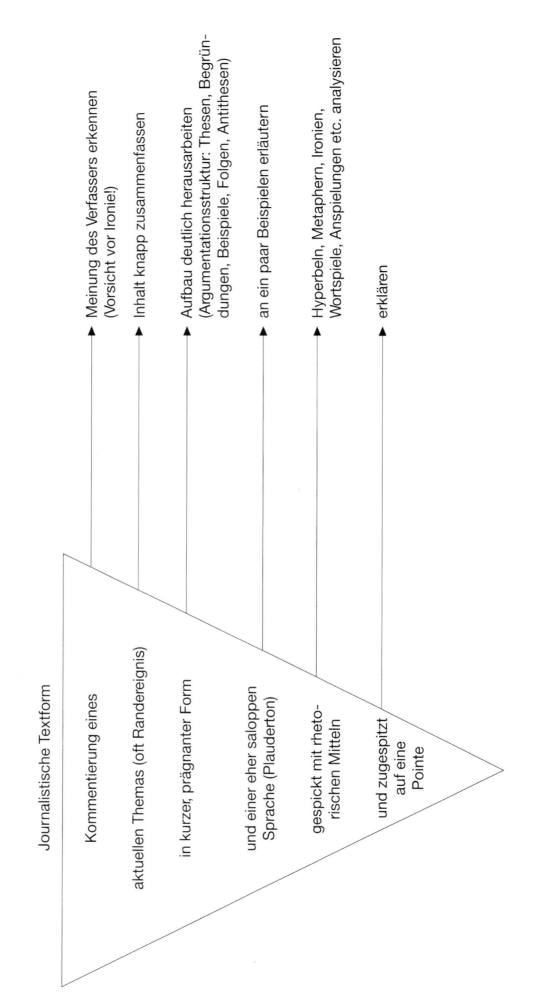

Definition der Gattung:

- Journalistische Textform
- Kommentierung eines
- aktuellen Themas (oft Randereignis)
- in kurzer, prägnanter Form
- und einer eher saloppen Sprache (Plauderton)
- gespickt mit rhetorischen Mitteln
- und zugespitzt auf eine Pointe

Anforderungen an die Analyse:

- Meinung des Verfassers erkennen (Vorsicht vor Ironie!)
- Inhalt knapp zusammenfassen
- Aufbau deutlich herausarbeiten (Argumentationsstruktur: Thesen, Begründungen, Beispiele, Folgen, Antithesen)
- an ein paar Beispielen erläutern
- Hyperbeln, Metaphern, Ironien, Wortspiele, Anspielungen etc. analysieren
- erklären

Norbert Berger: Lebendige Tafelbilder Deutsch
© Auer Verlag GmbH, Donauwörth

94   4. Aufsatzlehre – leicht gemacht

4.12 Textanalyse einer Glosse

Didaktisch-methodische Hinweise

Am Beispiel einer Zeitungsglosse (sehr gut geeignet ist das „Streiflicht" der SZ) werden deren Merkmale im Unterrichtsgespräch erarbeitet. Anschließend wird besprochen, welche Anforderungen eine schriftliche Analyse der Glosse erfüllen muss, um den genannten Kennzeichen dieser journalistischen Gattung Rechnung zu tragen. Besonderes Augenmerk sollten die Schüler darauf legen,

➢ die Meinung bzw. den Standpunkt des Verfassers zu erkennen (Vorsicht: Ironie!),
➢ den bloßen Inhalt nur knapp zusammenzufassen,
➢ dafür aber den Aufbau, also die gedankliche Struktur (Behauptungen, Begründungen, Beispiele, Folgen, Gegenbehauptungen) des Textes, deutlich herauszuarbeiten,
➢ die sprachliche Gestaltung genau und anhand von Textbelegen zu analysieren,
➢ die Pointe und damit die Intention des Autors zu erfassen und zu erklären.

Erläuterungen zur Präsentation

1.–2. Die Glosse ist eine journalistische Textform. (+ Dreieck)
3. Wesentliche Gattungsmerkmale der Glosse
4. Die Analyse muss insbesondere die Gattungsmerkmale berücksichtigen.
5. Die Meinung des Verfassers einer kommentierenden Textform muss gerade bei der ironisch gehaltenen Glosse klar herausgearbeitet werden. (+ Pfeil)
6. Der Inhalt muss knapp und sachlich (ohne Stilmittel des Originals) zusammengefasst werden. (+ Pfeil)
7. Der logische Gedankengang der Glosse muss klar dargelegt werden. (+ Pfeil)
8. Die oft saloppe sprachliche Gestaltung muss durch einige Zitate belegt werden. (+ Pfeil)
9. Die rhetorischen Mittel müssen (in ihrer Absicht und Wirkung auf den Leser) analysiert werden. (+ Pfeil)
10. Die Pointe, auf welche eine Glosse meist zugespitzt ist, muss erklärt werden. (+ Pfeil)

4.13 Interpretationsansätze

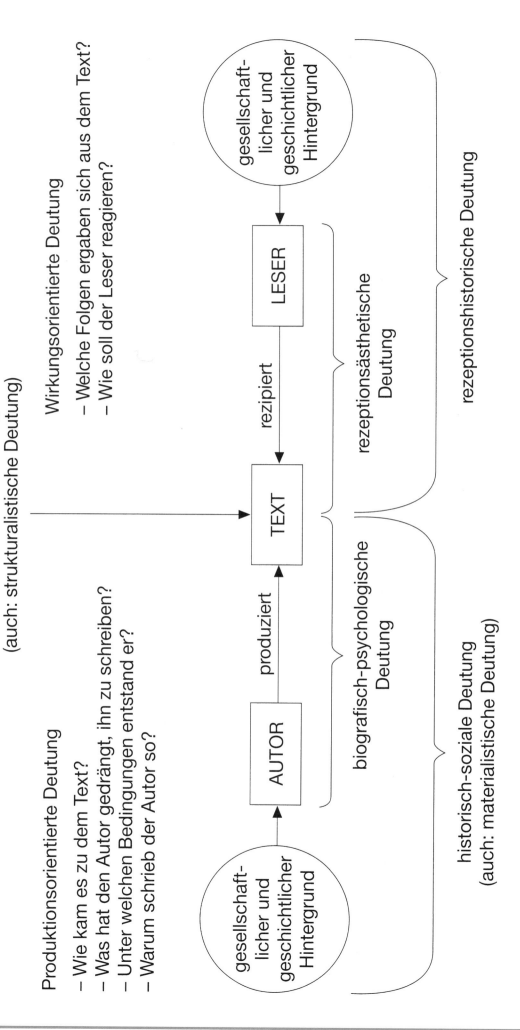

4.13 Interpretationsansätze

Didaktisch-methodische Hinweise

Zunächst werden von einigen Schülerinnen und Schülern zu einem kurzen Text (gut geeignet sind die Parabeln von Franz Kafka!) einige in der Hausaufgabe vorbereitete Interpretationen von Literaturwissenschaftlern vorgestellt. Es wird festgestellt, dass die Interpreten zu ganz unterschiedlichen Ansätzen und Ergebnissen gekommen sind. Die Frage, von welchen Faktoren die Interpretationen bzw. die Vorgehensweisen abhängig sind, führt zur Erstellung eines Kommunikationsmodells, in welchem dessen drei wesentliche Teile, nämlich der Autor, sein Text und der Leser, aber auch der gesellschaftliche und geschichtliche Hintergrund des Autors sowie des Lesers berücksichtigt werden. Nun kann erarbeitet werden, dass sich die Interpretation eines Textes

- ausschließlich des Textes annehmen kann (werkimmanent),
- sehr stark das Leben und die Erfahrungen seines Verfassers berücksichtigen kann (biografisch-psychologisch),
- auch dessen gesellschaftlich-historischen Hintergrund einbeziehen kann (historisch-sozial bzw. materialistisch),
- in erster Linie hinterfragen kann, wie es zum Text kam, unter welchen Bedingungen er entstanden ist (produktionsorientiert),
- sehr stark die (beabsichtigte) Wirkung auf den Leser und möglicherweise die von ihm erwarteten Reaktionen untersuchen kann (wirkungsorientiert, rezeptionsästhetisch),
- auch den veränderten gesellschaftlich-geschichtlichen Hintergrund des Lesers einbeziehen kann (rezeptionshistorisch).

Erläuterungen zur Präsentation

1.–5. Knappes Kommunikationsmodell für das Autor-Leser-Verhältnis. (+ Kästen, Pfeile)
6. Betrachtet der Interpret ausschließlich den Text selbst, geht er werkimmanent vor. (+ senkrechter Pfeil oben)
7. Er kann auch biografische und/oder psychologische Fakten auf Seiten des Autors in den Mittelpunkt seiner Interpretation stellen. (+ obere Klammer links)
8. Bezieht er sogar den gesellschaftlich-historischen Hintergrund des Autors und der Entstehungszeit des Textes ein, kommt er zu einer historisch-sozialen Deutung. (+ untere Klammer links)
9. Der biografisch-psychologischen bzw. historisch-sozialen Deutung verwandt ist die produktionsorientierte Deutung, welche insbesondere nach den Bedingungen, unter denen der Text entstanden ist, und den Anlässen, die den Verfasser zum Schreiben gedrängt haben, fragt.
10. Man unterscheidet davon die wirkungsorientierte Deutung, welche insbesondere die Intentionen des Textes und die (eventuell vom Autor gar nicht beabsichtigten) Wirkungen auf die Leser bzw. deren (vom Autor eventuell gar nicht bedachten) Reaktionen untersucht.
11. Sie ist verwandt mit der rezeptionsästhetischen Deutung, welche das Verhältnis des Lesers zum Text in den Mittelpunkt stellt. (+ obere Klammer rechts)
12. Durch zusätzliche Einbeziehung des gesellschaftlich-historischen Hintergrunds des Lesers (der in einer späteren Zeit als der Autor leben kann) gelangt man zu einer rezeptionshistorischen Interpretation. (+ untere Klammer rechts)

Auer empfiehlt

Die optimale Ergänzung zu diesem Buch:

148 S., DIN A4
▸ Best-Nr. **06183**

Blättern-im-Buch
www.auer-verlag.de/go/6183

Peter Hell / Paul Olbrich (Hrsg.)

Standards Deutsch 7

Unterrichtssequenzen zu allen Kompetenz- und Anforderungsbereichen der Bildungsstandards

▸ Bildungsstandards Deutsch: Mit diesen komplett ausgearbeiteten Unterrichtssequenzen trainieren Sie Ihre Schüler gezielt und konsequent!

Mit den 12 Unterrichtssequenzen dieses Bandes trainieren Ihre Schüler alle Kompetenzbereiche der Bildungsstandards: Sprechen und Zuhören, Schreiben, Lesen – mit Texten und Medien umgehen, Sprache und Sprachgebrauch untersuchen. Auch die Lernbereiche des Deutschunterrichts sind integriert.

Zu Beginn jeder Sequenz finden Sie jeweils einen Überblick über die behandelten Bildungsstandards wie über die unterrichtliche Umsetzung mit Verlauf, Techniken und Methoden.

Es folgen umfangreiche Materialien und abwechslungsreiche Aufgaben als Kopiervorlagen mit Lösungen. Oft sind auch Vorschläge zur kreativen Umsetzung aufgeführt. Der Band bietet Ihnen differenziertes Material für das gesamte Schuljahr.

Themen dieses Bandes sind unter anderem:

▸ Sprachliche Bilder | In die Rolle eines Filmstars schlüpfen | Gesundheitskampagne | Heinrich Heine: Belsazar

Wietere Titel der Reihe „Standards Deutsch"

Peter Hell/Paul Olbrich (Hrsg.)
Standards Deutsch
Unterrichtssequenzen zu allen Kompetenz- und Anforderungsbereichen der Bildungsstandards

Blättern-im-Buch
www.auer-verlag.de/go/6181
www.auer-verlag.de/go/6182
www.auer-verlag.de/go/6184
www.auer-verlag.de/go/6185

Klasse 5	Klasse 6	Klasse 8	Klasse 9
168 S., DIN A4	184 S., DIN A4	152 S., DIN A4	168 S., DIN A4
▸ Best-Nr. **06181**	▸ Best-Nr. **06182**	▸ Best-Nr. **06184**	▸ Best-Nr. **06185**

Bestellschein (bitte kopieren und faxen/senden)

Ja, bitte senden Sie mir gegen Rechnung:

Anzahl	Best.-Nr.	Kurztitel

☐ Ja, ich möchte per E-Mail über Neuerscheinungen und wichtige Termine informiert werden.

_____
E-Mail-Adresse

*Der E-Mail-Newsletter ist kostenlos und kann jederzeit abbestellt werden. Ihre Daten werden im Rahmen der gesetzlichen Vorschriften geschützt. Nähere Informationen zum Datenschutz finden Sie unter: www.auer-verlag.de/go/daten

Auer Verlag
Heilig-Kreuz-Str. 16
86609 Donauwörth

Fax: 09 06 / 73-177
oder einfach anrufen:
Tel.: 09 06 / 73-240
(Mo-Do 8:00-16:00 & Fr 8:00-13:00)
E-Mail: info@auer-verlag.de

Absender: Aktionsnummer: 9005

_____
Vorname, Nachname

_____
Straße, Hausnummer

_____
PLZ, Ort

_____
Datum, Unterschrift

Erwachsen werden – Entscheidungen treffen

Bildungsstandards (mit Schwerpunktsetzung)

1. Sprechen und Zuhören	2. Schreiben
1.1 zu anderen sprechen 1.2 vor anderen sprechen 1.3 mit anderen sprechen 1.4 verstehend zuhören 1.5 szenisch spielen	2.1 über Schreibfertigkeiten verfügen 2.2 richtig schreiben 2.3 Texte planen, schreiben und überarbeiten
3. Lesen – mit Texten und Medien umgehen	4. Sprache und Sprachgebrauch untersuchen
3.1 literarische Texte verstehen und nutzen 3.2 Sachtexte verstehen und nutzen 3.3 Medien verstehen und nutzen	4.1 Äußerungen/Texte in Verwendungszusammenhängen reflektieren und bewusst gestalten 4.2 Textbeschaffenheit analysieren und reflektieren

Unterrichtliche Umsetzung

Verlauf	Techniken/Methoden	Bildungsstandards
– sich in Situationen hineinversetzen (Seite 69)	– Texte sprachlich gestalten: strukturiert und verständlich schreiben – Informationen zielgerichtet entnehmen und ordnen	2.3; 3.2
– Textpassagen aus „Andere Kinder wohnen auch bei ihren Eltern" (Seite 70/71)	– zentrale Aussagen erschließen – produktive und kreative Schreibformen nutzen – gedanklich geordnet schreiben	3.1; 2.3
– Textanalyse (Seite 72)	– wesentliche Informationen zusammenfassen – Argumente finden und formulieren	2.1; 2.2; 3.1
– Zeitungsbericht (Seite 73)	– verschiedene Textfunktionen und Textsorten unterscheiden: informieren – wesentliche Darstellungsmittel eines Mediums kennen und einschätzen	3.2; 3.3; 4.2
– Informationsblatt – Zeitungsbericht (Seite 74)	– aus Sach- und Gebrauchstexten begründete Schlussfolgerungen ziehen – Informationen und Wertungen in den Texten unterscheiden	4.1; 3.2; 3.3
– Frageformen des Interviews (Seite 75)	– Bedingungen und Regeln für kommunikative Situationen im Alltag kennen – grundlegende Textfunktionen erfassen	3.3; 4.1
– Interviews bearbeiten (Seite 76)	– wesentliche Informationen verstehen, wiedergeben und kritisch hinterfragen – sprachliche Mittel zur Sicherung des Textzusammenhanges anwenden	4.2; 1.4

Erwachsen werden – Entscheidungen treffen

Sich in eine Situation hineinversetzen

Arbeitsauftrag:

Stelle dir vor, deine Eltern müssen für ein Jahr beruflich nach Südamerika und können dich nicht mitnehmen. Du lebst deshalb für diese Zeit in der Schweiz bei deinen Großeltern, die du bis dahin kaum gesehen hast. Nach drei Wochen in der neuen Umgebung schreibst du eine ausführliche E-Mail oder einen Brief an deine beste Freundin oder deinen besten Freund. Du erzählst, wie es dir in der Schule, bei den Großeltern oder mit den anderen Jugendlichen geht.

_____
_____
_____
_____
_____
_____
_____
_____
_____

Zusammenfassung des Jugendbuchs „Andere Kinder wohnen auch bei ihren Eltern" von Paul Maar

Der Junge, Kilian Busser, hat seit seiner Geburt zwölf Jahre bei seinen Großeltern auf dem Land gelebt. Dort konnte er eine behütete Kinderzeit bei den sehr geduldigen Großeltern verbringen. Schließlich haben ihn seine Eltern in die Stadt geholt, damit er eine weiterführende Schule besuchen kann. Die Stadt ist ungewohnt, und er hat Heimweh, denn er hat seine Freunde verloren. Die Eltern sind im Umgang mit ihrem Sohn ungewöhnlich streng und legen viel Wert auf gute Noten, die Kilian oft nicht erreichen kann.

Früher wäre er deshalb auch nie auf die Idee gekommen, unerlaubt den Unterricht zu verlassen. Nun lässt er sich aber darauf ein, weil er vor seinen „Freunden", Plattschek und Hecht, nicht als Feigling dastehen möchte. Außerdem erlebt er im Sportunterricht nur Misserfolge, was ihm bis dahin noch nicht passiert war. So kommt es zu den Szenen, die auf den folgenden Seiten abgedruckt sind. Plattschek und Hecht wollen Kilian schließlich in einen Einbruch hineinziehen. Da er aber an diesem Tag krank ist, kann er nicht mitmachen. Das ist sein Glück, denn die beiden Diebe werden erwischt und von der Schule verwiesen. Dennoch wird Kilian auch verdächtigt und seine Eltern werden darüber informiert, was seine häusliche Situation noch verschlimmert.

Als er schließlich sein Klassenziel nicht erreicht, läuft er von zu Hause weg, zu seinen Großeltern. Dort muss er erkennen, dass sich seine Freunde in den zwei Jahren verändert haben, er auf dem Land keinen Beruf erlernen kann und er sich dort auch nicht mehr so zu Hause fühlt wie früher. Kilian merkt schließlich, wie er seine Entscheidung selbst treffen muss. Er kehrt in die Stadt zurück, obwohl es ihm seine Eltern freigestellt haben, wo er weiterhin leben möchte.